跟孩子深度交谈

李 丽 ◎ 著

苏州新闻出版集团
古吴轩出版社

图书在版编目（CIP）数据

跟孩子深度交谈 / 李丽著. -- 苏州：古吴轩出版社, 2024. 9. -- ISBN 978-7-5546-2367-1

Ⅰ．G78

中国国家版本馆CIP数据核字第2024TB0375号

责任编辑：顾　熙
见习编辑：张　君
策　　划：周建林
装帧设计：MM末末美书
插　　画：阿　悠

书　　名：跟孩子深度交谈
著　　者：李　丽
出版发行：苏州新闻出版集团
　　　　　古吴轩出版社
　　　　　地址：苏州市八达街118号苏州新闻大厦30F
　　　　　电话：0512-65233679　　邮编：215123
出 版 人：王乐飞
印　　刷：天宇万达印刷有限公司
开　　本：670mm×950mm　1/16
印　　张：10
字　　数：102千字
版　　次：2024年9月第1版
印　　次：2024年9月第1次印刷
书　　号：ISBN 978-7-5546-2367-1
定　　价：46.00元

如有印装质量问题，请与印刷厂联系。0318-5695320

序言

在做青少年心理咨询工作时，我发现如何与孩子沟通是很多父母普遍遇到的难题。父母们会说：

"孩子突然变得不愿意和我们说话，封闭在自己的世界里。"

"我觉得孩子不再像小时候那样信任我们，开始有了自己的秘密。"

"孩子有时候情绪不稳定，经常因为一点儿小事发脾气。"

"孩子抵触我们的建议或意见，都没有耐心听我们说完。"

"我觉得孩子很敏感，尤其是在形象方面，但是有些打扮真的让我挺难接受的"

"孩子的社交生活变得更加复杂，我们很难了解他在外面做了什么。"

"我觉得孩子不愿意像小时候那样和我们分享他的事情了。"

"孩子的学习压力很大，很难抽出时间与我们交流。"

"我觉得孩子有些执拗,有时候很难说服他接受我们的观点。"

"我们希望能够帮助孩子解决问题,但他往往不愿意接受我们的帮助。"

而当我询问孩子们,他们是怎么看待与父母的沟通问题时,孩子们却这样说:

"我觉得我和父母之间有代沟,他们总是不能理解我的想法和感受。"

"父母总是喜欢批评我,让我感到很沮丧、很愤怒。"

"父母不信任我,总是对我管得太紧,让我感到很不舒服。"

"我觉得我和父母之间缺乏共同话题,很难找到共同点。"

"父母不尊重我的决定,总是试图强迫我按照他们的意愿行事。"

"父母不关心我的情感需求,只关注我的学习成绩。"

"父母不会和我分享他们的感受和想法,但总是想了解我的感受和想法。"

通过以上不同角度的表达,我们能看到两代人的沟通困境。

在孩子的成长过程中,特别是青春期这个非常特殊的阶段,孩子们正在经历身体、情绪、认知和社交方面的巨大变化。但是父母如果不了解这个阶段的孩子的发展特点,还延续儿童期的沟通模式，就难免会产生矛盾。这就像脚在不断长大，但鞋码没有随之增加，必然会导致脚疼。

因此，父母需要了解孩子在不同的成长阶段的身心发展特点，尤其是青春期的孩子的身心发展特点。在了解了这些后，就能接纳孩子的一些言行，避免在沟通上出现不必要的冲突和矛盾。

在孩子的成长过程中，他们的身体随着年龄的增长而出现了巨大变化，这些变化可能导致孩子感到不自信、不安或困惑，从而在沟通时出现困难。

例如，青春期的孩子情绪波动较大，他们可能会感到焦虑、沮丧、愤怒、孤独等。这些感受可能对他们的表达能力产生负面影响。

再如，青春期是孩子认知发展的关键阶段，此时的孩子正在学习如何理解自己和世界，以及如何做出决策。这可能导致他们在沟通时表现出犹豫、困惑或固执。

此外，青春期的孩子可能会面临与同龄人的竞争和因此带来的压力。这种压力可能导致他们在沟通时表现得不自在或出现抵触行为。

当然，家庭关系对青春期的孩子也有很大的影响。如果家庭成员之间关系紧张或存在沟通问题，孩子可能会在沟通时不信任他人或出现回避行为。

我们还发现，孩子越长大越会关心自己的形象，自尊心也随之增强。他们如果感到自己没有得到足够的认可或尊重，那在沟通时可能会表现得具有攻击性或出现防御行为。

而且，由于学习和其他方面的压力，孩子可能会感到时间不够用，从而在与父母沟通时表现得不耐烦或不投入。

了解了孩子的这些特点之后，父母还需要注意自己的沟通方式。如果不注意，可能会出现以下情况：

明明想表达关心，却成了居高临下地教导或者唠叨。

明明想让孩子培养好习惯，却成了抱怨和指责。

明明想和孩子建立起平等的沟通关系，却经常忽视孩子的想法和感受。

明明想激励孩子上进，却给孩子设定过高的目标，让孩子感到压力巨大。

…………

面对亲子沟通不畅的情况，有些父母索性放弃了，甚至觉得自己不再像孩子小的时候那么爱孩子了。

父母爱孩子是一种天性，但是沟通是艺术，相处靠技巧。这些愤怒和失望的情绪，不能说明我们不爱孩子，这只是一次次的沟通挫败带来的消极情绪。这就需要我们提高沟通技巧。

根据多年从事青少年心理咨询工作的经历和从家庭教育培训中获得的经验，我将父母与孩子沟通时遇到的困境做了总结，并且本书针对孩子的特点给出了具体的话术参考。但需要注意的是，毕竟每一个具体的沟通情景都是不同的，父母需要灵活应用。

另外，我们需要意识到：要想真正提高沟通能力，最基本的是内在思维的提升，否则，我们说出的话只会让孩子觉得刻意、不自然。父母只有真正掌握了亲子沟通话术的内在逻辑，才能在各个沟通场景与孩子顺畅沟通。

因此，本书最后一章的重点落在思维层面，希望能给父母提供更深度的帮助，这不仅能解决父母与孩子的沟通问题，也能提升亲子沟通的和谐度与亲密度。

目录

第一章

面对孩子挑战性言语的话术

"您能不能别管我"   002
"没事别进我的房间"   006
"我就是要买手机"   011
"别让我的同学看到您"   018
"为啥人家有，咱家没有"   022

第二章

面对孩子的挑战性行为的话术

半夜偷玩手机   028
回避社交   035
迷恋"二次元"世界   042
要当"网红"，无心学习   049
孩子打架，学校"请家长"   055

i

第三章

面对孩子情绪起伏不定的话术

"您是父母,就有特权吗"	064
"讨厌老师,不想听课"	073
"我不想上学了"	079

第四章

面对青春期敏感问题的话术

孩子与异性过于亲密	088
孩子有早恋倾向	093
孩子迷恋网络小说	100
禁果不能尝	105

第五章

掌握亲子沟通话术的内在逻辑

是这些原因让你和孩子总是无效对话	112
提升能量层级后再去沟通	120
改变沟通站位，把主场还给孩子	125
和孩子结盟，一起解决问题	130
看见彼此，成就双赢沟通	137
营造"亲子小时光"，进行深度情感交流	142

第一章
面对孩子挑战性言语的话术

处于青春期的孩子，心理上正在经历一段至关重要的过渡期。在这一阶段，孩子的自我意识和独立意识日渐加强，由于身体已经发育得较为成熟，他们会觉得自己已经长大，迫切地想要脱离成年人的监护，却依旧缺少足以保证自我生存的力量和智慧。此外，青春期的孩子不再把自己当成一个小孩儿看，他们也介意父母把他们当成小孩儿看。因此，这些小大人为了表现自己的个性而做出的出格的举动，大人往往视为叛逆。

"您能不能别管我"

在做心理咨询工作时，我的一些来访者是处于青春期的孩子以及他们的父母。和这些父母沟通的时候，他们普遍的感受就是：青春期的孩子太难管了！

父母们说："孩子进入青春期后，经常会顶嘴，即使他们沉默不语，不直接对抗，也能看出其内心是不服的。如果不管吧，孩子考不上高中怎么办？早恋了怎么办？沾染上不良习气怎么办？"

但是父母一旦管教，往往会遭到孩子的强烈反对，孩子经常说的一句话就是："您能不能别管我！"

这会让父母左右为难，感觉管也不是，不管也不是。在孩子

第一章 面对孩子挑战性言语的话术

说完这句话后,很多父母可能会说:

"你以为我想管你?我不管你,你将来……怎么办?"

"好,你爱怎么样就怎么样!我也懒得管你!"

"你必须给我去做……否则我就……"

可以看出,在这种情况下父母要么是列举不管孩子导致的悲惨后果,要么是受到挫败而放弃,要么是采取强硬措施,但这样只会激起孩子更激烈的对抗,甚至会产生言语和肢体的冲突。

当青春期的孩子说"您能不能别管我"时,实际上他们是在向父母提出抗议或者反对意见,此时,大多数父母的第一反应是自己的话语权受到了威胁:"完了,我的孩子不听话了!"

跟孩子深度交谈

而控制型的父母就会紧紧抓住对孩子的控制权不愿意放手，希望孩子依然能受控于自己。

青春期的孩子刚好这时候发展出一个新"技能"——"违背性意愿"，即不管父母说什么他都反对。为了证明他是独立的个体，有独立的意愿，他就会为了反对而反对，不管父母说的话正确与否，孩子都会下意识地先反对了再说。

如果父母非要展示权威，而孩子又反抗，那么冲突就不可避免。

父母需要理解，孩子之所以这样，是因为他们的独立性和自我意识的发展，同时也表明，他们与父母有不同的看法、感受和需要。作为父母，我们需要做孩子的"军师"，而不要做"领导"。孩子说出这句话，是因为他感觉你侵犯了他的权利。

因此，与青春期的孩子平等地对话，是沟通的基础。父母要把属于孩子的主场还给孩子，退到父母的位置上。比如，父母可以这样说：

> "我知道你想要独立，尝试自己处理事情，但是我希望能够帮助你，如果你需要的话。"
>
> "我理解你想要一些私人空间，但是我希望你能知道我会一直在你身边支持你，无论你需要什么。"

> "我尊重你的决定,但如果你需要帮助或建议,我会在这里为你提供支持。"
>
> "我并不是要控制你,而是关心你。"
>
> "我理解你想要一些独处的时间,我保证我会尊重你的隐私。如果你需要聊一聊或者有任何问题,我随时都在这里。"

面对孩子的叛逆,父母需要给予理解、尊重、关心和支持,这样才能保证与孩子之间的良好沟通。

"没事别进我的房间"

"孩子放学回家后就走进自己的房间，然后把门一关，也不怎么搭理我们。有时候，你和他说话，只要一言不合，他就把自己锁在房间里。"

"是啊，我家孩子也这样，只有吃饭时才从自己的房间出来，跟我们都不怎么讲话。"

两个初中生的妈妈正在交流着各自孩子的情况，她们都因为孩子总把自己关在房间里而感到不安和担心。

孩子在小的时候，总希望能和爸爸妈妈待在一起。而到了青春期，随着自我意识的增强，孩子渴望拥有独立的空间，从而与父母拉开距离，以确认自己的成长和独立；同时，孩子的隐私意识逐渐增强，不希望在父母面前毫无隐私，否则会觉得自己不被尊重。

但是，孩子的这些表现让父母感受到的却是拒绝、冷漠以及嫌弃。当遭遇闭门羹时，无法理解孩子的行为的父母就容易火冒三丈。

"你怎么整天关着房门呢？"

"我关门关您什么事？"

"怎么和大人说话呢？这么说话尊重长辈吗？你给我出来说话！"

孩子气冲冲地出来了："干吗？"

"没事不许关门！"

"我连关门的自由都没有吗？"

"有什么见不得人的事情吗？你总关着门干吗？"

"我什么都没干，真无聊！"

"你说谁无聊呢？反了天啊！"

…………

这样沟通的结果可想而知，一般是不欢而散，甚至父母有可能会踢门、撬锁。

这个关门问题，是亲子冲突的典型问题，本质上反映了孩子与父母之间在自主权、独立性以及相互尊重方面的分歧与冲突。

父母如果采取暴力的、强硬的方式，虽然自己的情绪得到了释放，但是对孩子的自尊心造成了极大的伤害，孩子觉得自己在

跟孩子深度交谈

家没有属于自己的空间。这容易让孩子走向叛逆，父母越不想孩子做的，孩子就偏去做，以致造成更严重的后果。

其实，青春期的孩子把自己关在房间里是很普遍的现象，父母大可不必担忧，多向孩子表达关心、尊重或许能更好地处理这件事。

"孩子，我注意到你最近回家后总是直接关上房门。我只是想知道你是不是有什么心事或者烦恼，愿意和我分享一下吗？"

在沟通时，还要避免暴力性的语言：

"我知道你可能需要一些私人空间，但我也希望你能理解，家是一个可以分享喜怒哀乐的地方。如果你总是把自己藏起来，我们是不是就没法分享很多东西了？"

"我理解你需要隐私，但我们也希望家里能够保持一种开放和积极沟通的氛围。也许我们可以一起商量一个合适的解决方案，比如规定在特定的时间段保持房门打开？"

"我们尊重隐私，所以我们会注意不随意进入你的房间。同时，也希望你能理解我们可能偶尔需要进入你的房间进行打扫或者拿东西。"

第一章　面对孩子挑战性言语的话术

青春期的孩子"关门"的表现，就是在提醒父母需要得体地退出孩子的世界：退出对孩子的过度保护，退出对孩子的过多干涉，退出孩子的私人领地，把空间还给孩子，允许孩子独立。这样才能建立更好的亲子关系。

有的父母说："难道我就不管他了吗？"

著名心理学家海姆·吉诺特博士曾说过一句话："作为父母，我们的需求就是被孩子需要；作为青少年，他们的需求就是不再需要我们。这种冲突真实地存在着，父母在帮助自己最爱的孩子走向独立的每一天都在不断地经历它。"

因此，我们要真正放下"被孩子需要"的需求，无为胜有

跟孩子深度交谈

为,学会少讲话,多把注意力放在自己的工作、兴趣和朋友上,平衡好自己的生活,不要把自己的情感需求放在"孩子"这单一的支柱上;否则,自己就会感到失落。

因此,趁孩子在青春期发出独立信号,作为父母的我们要赶紧回归自我,不然我们的爱就会成为孩子成长的负担。

"我就是要买手机"

在智能手机十分普及的今天,孩子对拥有手机的渴望早早就产生了。到了青春期,孩子看到很多同学都拥有自己的手机,便开始不断地向父母要求:"我也想要有一部属于自己的手机!"

为了达到这个目的,孩子在父母跟前软磨硬泡,甚至哭闹。买吧,父母顾虑重重,担心孩子沉迷于玩手机;不买吧,孩子又总是噘着嘴,一脸不快,这很伤亲子关系。父母确实感到左右为难。

我做青少年咨询工作时,经常会看到父母与孩子因为手机问题而争吵。对于给孩子买手机这个问题,不同的父母会有不同的态度。

(1)反对派的父母会说:

"买什么手机!看看你那学习成绩!"

跟孩子深度交谈

"你平时写作业拖拖拉拉的，要是有了手机，玩游戏上了瘾，更不知道要拖拉到什么时候呢！"

"别人有手机，你就要有呀？你和别人比什么比！好的地方怎么不和别人比呢？"

"要是你考到班级前×名，我就给你买手机，否则别想了！"

"你现在年纪还小，手机对你来说并不是必需品。你应该把注意力放在学习上，而不是追求这些电子设备。"

"你知道手机会给你带来多少干扰吗？它会分散你的注意力，影响你的学业。我们希望你能专心学习，而不是沉迷于玩手机。"

"你的视力本来就不好，要是有了手机，长时间看手机屏幕只会加剧你的近视问题，还是别买了。"

"购买手机需要花一笔不小的费用，而且手机还会不断推出新款。我们认为现在购买手机并不是一个明智的决策。"

"希望你能够理解，我们反对你购买手机是出于责任心和对你的关心。我们希望你能够把时间和精力用在更有意义的事情上，而不是追求物质享受。"

到了青春期，确实大部分孩子都有自己的手机，孩子们平时会用手机交流、上网查找资料。总之，很多社交活动都依靠手机进行。反对买手机的父母都是担心孩子自控力不足，会对玩手机上瘾，进而耽误学习。

第一章 面对孩子挑战性言语的话术

可是，父母越不信任孩子，孩子就会越叛逆。也有的父母对孩子提出了很难达到的要求。比如，平时孩子只能考到班级十五名左右，可是他要求孩子考到前三名才能买手机，这样的要求对孩子来说难度较大。

这时候，孩子就会感觉无法和父母沟通，导致矛盾不断升级。当无法通过正常途径获得手机时，孩子就可能会偷用父母的手机，这无疑为亲子关系留下了更多的隐患。

（2）支持派的父母们说：

"行啊，那就给你买手机吧！"

"班上那么多同学都有手机了，那咱们可不能没有。"

跟孩子深度交谈

"行行，都听你的，买吧，买吧！"

"你想要手机是吗？没问题，我马上给你买一个。"

"想要手机嘛，小事一桩。你喜欢哪种款式？我们一起去看看。"

"你开心最重要。既然你想要手机，那就买吧，不用考虑其他的。"

"我们家的孩子怎么能没有手机呢？你放心，我会给你最好的。"

"钱不是问题，只要你喜欢，手机随时可以买给你。"

有的父母比较宠爱孩子，当孩子提出一个要求时，他们很容易就会答应，甚至超额满足要求——本来孩子有个一千元左右的手机就可以了，但他们可能买几千元的手机，就想让孩子用最好的。这可能会让孩子养成不珍惜物品、奢侈浪费的坏习惯。

也有的父母属于盲目跟风型："既然其他同学都有手机，那咱们也买吧！"他们没有自己的独立思维和见解。

更多的父母给孩子买手机，是因为实在受不了孩子不断地吵闹，为了亲子关系的和谐，最终不得不妥协。可是当孩子对手机使用不当时，父母又会为当初的决定后悔，和孩子产生诸多冲突。

（3）正确的做法：

关于买手机这个问题，父母可以按以下话术与孩子沟通。

第一章　面对孩子挑战性言语的话术

"我早就考虑给你买一部手机了，正等着你和我说呢！可是，之所以到现在还没给你买，是因为我有些担心。"

话说到这里，亲子之间便不会有矛盾，而是会让孩子窃喜，并且对父母的担心感到疑惑。

"我担心你管理不好手机。你看，你的衣服都是我洗的，有时候早起还需要我叫你，学习也需要我督促。你如果连自己都管理不好，又怎么能自主管理好手机呢？"

孩子这时候通常会说："我保证能管理好。"

这时候父母就可以顺势表示对孩子的肯定和信任，并且与孩子做进一步的协商："我相信你能管理好自己，也能管理好手机。你看这样行不行？你用二十一天的时间让我看到你能管理好自己，让我安心。你可以制订一个计划，证明你能管理好自己。能做到的话，我肯定给你买手机。"

然后，我们就可以看孩子的表现。如果制订的计划孩子做不到，就不给他买手机；如果孩子做到了，就可以考虑给他买。

当买了手机，交给孩子前，还要和孩子进行进一步约定："手机就要给你了，但是有几点注意事项你要知道。

"第一，你在玩手机前，需要完成所有的学习任务。

"第二，自己规划好玩手机的时间，每天玩手机的时间不能超过一小时。因为你的身体还处于发育期，长时间接触手机的话，会影响你的身体健康，比如说影响视力、听力等。

跟孩子深度交谈

"第三,不要随便添加陌生人的联系方式,更不能随便约陌生人一起出去玩。

"第四,不能通过手机随便借钱给别人,更不能碰网络贷款。

"第五,不能给任何人发衣着暴露的照片或者视频。

"第六,看视频可以,但是不能看不健康的;网购可以,但要经过父母的同意。如果你能做到,手机才能给你。如果你违反了以上约定,我们也可以随时收回手机。"

在和孩子进行约定时,也可以增加一些积极的内容,比如,当孩子保证自己能做到时,父母可以说:"我知道你是一个说话

算话的孩子，你曾经做过……还做过……你看你都说到做到了。我相信在手机使用的问题上你也是可以的。"

我们越积极地认可孩子的良好特质，孩子就越会对自己的行为负责。

有的父母可能会说："孩子总是答应了却做不到，我该怎么信任他？"

我要告诉你的是：在信任和不信任的选择上，我们要倾向于信任。每个人都有向好的动力，越被信任就会越有力量。本来孩子能做到，但是你不信任他，他就容易自暴自弃，变成你认为的样子。

"别让我的同学看到您"

有的父母在送孩子上学或者接孩子放学时，会听到孩子这么说：

"您停在这里就行了，不要送到大门口。别让我的同学看到您。"

"您离学校远点儿，我自己会走过去，我不想同学看到您。"

有时候，在父母送孩子去同学聚会等场合时，孩子也会说类似的话。

这让有些父母很不能理解：难道自己让孩子丢面子了？难道自己被孩子嫌弃了？当有这种想法的时候，父母就会感觉很伤自尊，便生气地对孩子说：

"我让你感觉丢人了？"

"我不配当你妈妈吗？"

"你要是觉得我让你丢面子了，那我以后不接送你了！"

如果父母轻易就被孩子挑起情绪，然后说出不理智的话，那么亲子关系一定会受到很大的破坏，孩子可能直接转身而去，你也可能会陷在自卑、内疚等负面情绪里久久不能释怀。

我们要知道，孩子说出这句话，本质上是想寻求同伴的认可。青春期的心理发展，其核心任务就是建立"自我同一性"。"自我同一性"是青少年探索自己和他人的差别、认识自身、明确自己更适合哪种社会角色的过程，即对"我是谁""我会成为什么样的人""我如何适应社会"等问题具有连贯统一的认识。

跟孩子深度交谈

身边的同伴是青少年社会化发展的重要参照物。同伴就好像一面镜子，在同伴评价的过程中，孩子会不断地思考：我是不是被认可？我是不是被需要？我是不是有价值？

受同伴欢迎和认可的孩子，"自我同一性"建立的过程就会比较顺利；而受到同伴排斥或否定的孩子，其"自我同一性"的建立就会遭遇危机。

同伴是青少年成长过程中非常重要的支持者，当青少年面对青春期的困惑、焦虑和恐惧的时候，好的同伴关系能够帮助他们缓解这些负面情绪。

当孩子对父母说"别让我的同学看到您"时，这可能意味着孩子想保持自己的独立性，保护自己的隐私。比如，他们不想自

第一章　面对孩子挑战性言语的话术

己被同学认为是一个还需要父母保护的孩子，或者他们可能担心同龄人会对父母产生某种负面的评价，从而给自己带来压力。

面对这种情况，父母可以用以下话术来应对：

"为什么不想让同学看到我呢？"

不带情绪，用平静的语气去了解原因，这样可以更好地了解孩子的想法和顾虑。切忌预设，认为孩子瞧不起自己，而带着指责的语气去询问，那样孩子肯定不会向你敞开心扉。你要带着好奇心，去理解孩子的内心世界。

无论孩子说与不说，我们都要继续表达理解孩子的立场和感受。我们可以说：

"我理解你希望保持自己的独立性，保护自己的隐私，这是很正常的。"

然后，表示对孩子的尊重。例如：

"我尊重你的决定，也理解你想要一些私人空间。"

接着，看看我们是否有不足的地方，让孩子担心会受到同学的负面评价。例如：

"如果我有需要注意的地方，你可以告诉我。"

如果孩子因为我们的某些行为而在同学面前抬不起头，那我们需要反省自己，思考在哪些方面可以做出改变，并及时通过沟通来解决问题，以打消孩子的顾虑。

"为啥人家有,咱家没有"

周五了,又到了接住宿的孩子回家的日子。潇潇妈妈在学校的大门外等了很久,终于等到儿子出来。但是儿子看到她却很冷漠,一走到她跟前便催促赶紧去公交站。

潇潇妈妈感觉儿子有点儿不对劲,就问儿子怎么回事。儿子沉默了一会儿,说:"别人家接孩子都是开着汽车来的,只有您和我是去坐公交车。为啥人家都有汽车,咱家却没有呢?"

到了青春期,孩子的自尊心显著增强,孩子也变得尤为敏感,有时候,孩子就可能会像潇潇那样,将自己家与别人家进行

第一章 面对孩子挑战性言语的话术

对比,或者拿自己与别的孩子对比。比如:

"×××穿着名牌的鞋子,可我穿的鞋子就是普普通通的。"

"一到假期,×××他们全家人都去度假,可我却从未度过假。"

当听到孩子这样说的时候,父母容易感觉惭愧。为了避免内心的尴尬、自责,父母往往会回避或者忽视这个话题。因为在对比下,父母内心的自卑容易被勾起来。

当然,有的父母会被这样的话激怒:

"你是不是嫌弃咱家穷,嫌弃你爸妈没本事呀?"

"你比什么比?你如果感觉自己家不好,那给别人家当孩子去!"

这种情绪化的反应只能让孩子暂时闭嘴。另外,这样也容易让孩子对父母产生不满。

也有的父母会长篇大论地给孩子讲大道理,比如:

"人不该有虚荣心,不能过度贪图物质享受,内在的品质要比外在的物质条件更重要。"

总之,以上这些回应并没有真正解决孩子的问题。当孩子问"为啥人家有,咱家没有"时,父母需要理解孩子的困惑和情绪,并给予合理的解释和引导。以下是一些应对的话术建议。

首先,父母要接纳和理解孩子的感受,成为孩子的情绪的容器。

跟孩子深度交谈

孩子可能会感到不公平或产生不满的情绪,对此,父母要表达出对孩子的理解。例如:

"我理解你可能会感到不公平或不满,这是很正常的感受。"

其次,给孩子一个客观、合理的解释,强调自己家庭的价值观。

父母可以根据实际情况,给孩子解释每个家庭的经济状况、价值观、生活方式等方面的不同,以帮助他们理解为什么一些东西有些家庭有而有些家庭没有。例如:

"每个家庭的经济状况和价值观不同。有些家庭重视财富的积累,但是可能对孩子的陪伴和教育有所忽视;有的父母注重满足孩子的物质需求,有的父母注重培养孩子的品性;有的父母把节俭的价值观看得很重,但有的父母却觉得及时行乐很重要。"

最后，引导孩子进行深度的自我思考，了解自己是谁。

鼓励孩子思考自己真正需要的是什么，自己的核心价值观是什么，自己想要的生活方式是什么。在孩子搞清楚自己的需求之后，父母要引导孩子去想想为自己的未来需要做出哪些努力。

这部分很重要，要让孩子明白：自己想要的需要靠自己去争取，而不是靠父母来提供。

比如，可以和孩子说：

"你之所以问这个问题，是因为你羡慕别人拥有某些东西，你也想得到。妈妈已经和你讲了咱们家的经济情况、生活方式和价值观，那你认同多少呢？你真正想要的是什么呢？思考清楚自己真正想要的东西是什么很重要，那样你就可以为此去努力，通过学习、锻炼，发掘自己的潜力来为未来做准备。"

应对孩子的"为啥人家有，咱家没有"的提问，比较有挑战性的地方是：我们作为父母，是否可以很好地理解、接纳和尊重自己。

如果你不能接纳自己的现状，内心是消极的、自卑的，那么孩子这样一提问，必然会引发你的负面情绪。

你如果不了解自己的价值观和生活理念，没有稳定的内核，那么就会觉得孩子的这个问题在挑战你，容易被激起愤怒情绪。因此，父母是不是一个内心成熟的人，这是很重要的。

另外，孩子冒出这样一个问题来，说明他羡慕别人拥有的某

跟孩子深度交谈

些东西，或者对别人的生活感到好奇，父母要理解孩子存在这样的感受。

青春期正是孩子探索自我的时期，那么父母就可以因势利导，引导孩子去深度思考自己的需求、自己未来想拥有什么，以及要付出怎样的努力去获得。

父母要记住：不应不顾家庭的实际情况而盲目地去满足孩子的期待。要让青春期的孩子明白，他需要为自己想要的东西而努力，而不是让家人替代他去努力。

第二章
面对孩子的挑战性行为的话术

随着孩子的长大,如果父母一直高高在上地控制孩子,并且不注意提升沟通能力,那必然会产生"鞋不适合长大的脚"的情况,从而导致亲子冲突不断出现。冲突会引发父母的挫败感和对权威丧失的恐惧感,于是他们会加强控制;但是,父母越是控制,孩子就越是反抗。在孩子全力寻求独立的青春期,独立与控制是无法并存的。

半夜偷玩手机

孩子有了手机之后，有时候会控制不住自己，即便和父母有了约定，有时候他也会忘记时间。这非常容易造成父母焦虑，担心孩子玩手机成瘾，以致造成严重后果。父母一旦形成灾难化的思维，就会联想到未来：孩子耽误了睡觉，第二天起不来，上学学不好，考不上高中，上不了大学，那以后不就完了吗？

因此，一个最容易产生亲子冲突的场景就是：父母半夜醒来，想去上个厕所，透过门缝发现孩子正在偷偷玩手机。

在这种情境下，父母最容易说出口的是什么呢？

"你看看都几点了！还不睡觉，第二天还起不起床？！"

"你是不是和我保证过，晚上十一点前睡觉？结果呢？你是

第二章　面对孩子的挑战性行为的话术

不是没有遵守诺言?!"

"你还在玩手机！我警告你一次，赶紧睡觉，如果再让我发现第二次，手机直接上交，以后别想玩手机了！"

以上这些话，是父母最容易在情绪化的状态下说出来的。其实父母是爱孩子的，但因为担心，会有焦虑情绪产生。同时，父母可能还有一些内疚和自责：都怪我当初给孩子买手机，是不是我做错了？此外，还有气愤：我相信孩子能控制自己，结果他还是辜负了我对他的信任。这些感受和想法一股脑儿地涌进父母的大脑中时，父母往往容易失去理智。

但是，父母如果像上面那样和孩子沟通，能达到效果吗？

上面的那些话，要么是否定，要么是指责、威胁，充满了对

跟孩子深度交谈

孩子的不信任，一定会破坏亲子关系。

有的父母以为孩子承诺了，就应该可以做到，但却忘记了，我们成年人有时候也会熬夜看剧，或者和朋友聊天忘了时间……自己做不到的事情，却认为孩子能做到，确实是对孩子要求过高。

很多父母因为孩子使用手机不当而感到烦恼。有的父母出于无奈和愤怒，会抢夺孩子的手机，并说：

"这手机是我买的，我现在要收回就收回！"

青春期的孩子特别容易冲动，在这种情况下，可能会陷入消极情绪中，甚至做出极端的行为。

即使父母在给孩子买手机时，说过"这手机你有使用权，没有所有权"，但是如果父母强行剥夺孩子对手机的使用权，孩子难免不服，这不是一种有效的做法。

尤其是亲子关系已经非常差的家庭，如果再起冲突，可能就会造成无法挽回的局面。

所以，面对同一个场景，要根据不同的亲子关系而采取不同的处理方式。

如果亲子关系不错，当看到这个场景时，父母如果觉察到自己情绪激动，一定要深吸一口气，让自己尽量保持冷静，千万不要激动。

然后，了解一下原因，比如，可以说：

第二章 面对孩子的挑战性行为的话术

"孩子,我看到你在半夜看手机,是在学习,还是在娱乐,又或者是在和朋友交流呢?"

了解孩子半夜玩手机的需求和动机是什么。

孩子通常在这个时候才会意识到时间问题。这时候,你可以在理解孩子忘记时间的基础上和孩子制定手机的使用规则:

"有时候玩手机确实容易忘记时间,但是耽误了休息,明天你上课的状态就会受到影响,这甚至会影响你的健康。为了避免这种情况多次发生,我们来一起制定一下手机的使用规则。"

你如果曾经和孩子制定过手机的使用规则,那么这时候就需要重申。比如,可以这样说:

"你可以设置闹钟,比如到了晚上十点,你要睡觉了,闹钟响起,这时候你就要放下手机。如果我发现三次你在晚上十点后看手机,那手机就要被收回,禁止使用一周。你看可以吗?"

手机的使用规则需要父母和孩子一起制定,最好由孩子主动思考规则,发挥孩子的自主性,这样他更愿意遵守。规则切不可由父母单方面制定,倘若孩子内心不服,就很难执行。

如果亲子关系不良,父母担心孩子不愿受管束而处于想管又不敢管的状态,在这种情况下,父母该怎么合理地引导孩子放下手机呢?

父母先要做的是修复亲子关系,而不是去处理具体的事件。因此,父母的言行要重点放在关系的修复上。

跟孩子深度交谈

具体可以参考以下话术:

"孩子,如果你玩手机,千万注意要开着灯玩,要不然对你的视力有损伤啊!来,我帮你把灯开了。"

这样说,是表达对孩子的身体的关心,而不是指责他半夜还在玩手机。这样会使孩子感觉被支持了。

"我想好了,咱们总是因为手机的事情吵架,闹得双方都不愉快,我觉得没有必要。我决定以后再也不为这种事情生气了。"

这样说就是表明自己的立场:比起孩子的某个行为,你更重视亲子关系。

"你继续玩吧,没关系,我先去……不打扰你了。"

第二章 面对孩子的挑战性行为的话术

这样说表示支持孩子的这个行为，并且对他玩手机这件事情表示尊重。

"你打算再玩多长时间呢？"

注意：说这句话时必须是不带情绪的。

在让孩子放下防备心理，并让孩子感到来自父母的关心之后，再说手机的管理问题。

此时，孩子可能会说：

"我还要玩个半小时。"

那么，你可以说：

"没关系，你可以再玩一个小时，不要那么着急。等快到一个小时的时候，我来提醒你。你继续玩吧。"

这样说，孩子会觉得你对他是理解和支持的。然后你就离开孩子的房间，等快到一个小时时再来孩子这里，直接告诉他：

"马上到一小时了。"

有的父母可能会问："那如果到一个小时了，孩子还不愿意放下手机，怎么办？"

那就重复上面的这个方法，继续给他时间，然后在约定的时间快到时提醒他。

这样做的目的是要修复因为经常争吵而已经遭到破坏的亲子关系。如果关系不修复好，父母说什么对孩子来说都是没有用的。因此，对于这种情况，父母更需要有耐心。

跟孩子深度交谈

另外，即使在给孩子买手机时已经强调了孩子的手机父母是可以查看的，但是你千万不要随便使用这个权限。因为青春期的孩子已经有隐私了，一定要尊重孩子的隐私，给孩子一些自主的空间。

尊重、理解和支持，是青春期的孩子特别需要的心理营养。

回避社交

一个老师曾和我说，他班上有一个女生，除了吃饭不得不摘下口罩，在其他场合都戴着口罩，即使大家一起照相，她也不肯把口罩摘下来。孩子的父母非常着急，感觉自家孩子和其他孩子不一样，平常不爱说话，不爱出门，非常回避社交，很担心她将来难以融入群体。

回避社交，喜欢一个人待着，不愿意积极参加社交活动的孩子，并非少数。

有的孩子直言不讳地和我说：

"我'社恐'，不愿意参加社交活动，因为大人们总是对我评头论足，什么'高了''胖了''黑了'；哪里做得好，哪里

跟孩子深度交谈

做得不好……我特别不喜欢被这样评价，总觉得这种社交活动很无聊。另外，我不知道和大人们说些什么，总感觉有代沟。我有时候说些什么，父母会觉得不合适，觉得我给他们丢脸了。所以，我索性就不出门，实在躲不过的时候，就不说话，为了避免尴尬就只能看手机。但这样，父母就会说我不合群、孤僻。"

也有的孩子在同龄社交中受过伤，比如，自己明明很热情地和同学打招呼，却遭到了辱骂和嘲讽；自己明明善良地对待朋友，却被朋友恶意揣测。孩子因为缺乏社交经验，思维容易单一化，因此，有些事情他们无法理解，容易对社交产生比较极端的看法。

也有的孩子不知道如何交朋友，缺乏社交能力。有一个初一的女孩，来到我的工作室做心理沙盘游戏时，说出了不爱上学的原因：除了不喜欢班主任，还与她在班级里没有朋友有关系。她说："下课后，大家都开始三五成群地聊天，可是我感觉自己融不进任何一个群体。"

直到她做完心理沙盘游戏，看到高高围墙中的自己和紧闭着的大门，在我的引导下，她才意识到是自己拒绝了其他人，而不是她自己想象中那样，没有人来和她做朋友。

青春期的孩子回避社交，不愿意出门，这可能是因为他们面临着情绪波动、社交压力和自我认知等方面的挑战。当然，这也和父母自身的社交情况以及沟通不当有关系。

第二章　面对孩子的挑战性行为的话术

因此，父母要尊重孩子的决定，千万不要强迫他们参加社交活动。父母越强迫，孩子的逆反情绪就越强烈，反而对提高孩子的社交能力没什么帮助。

那面对这种情况，父母应该怎么做呢？

首先，父母要理解孩子的情绪和感受，并表达出对他们的支持。例如：

"我知道你可能会感到不自在或害羞，这是很正常的感受。"

跟孩子深度交谈

其次，父母要耐心地倾听，了解孩子内心的想法和感受，鼓励孩子表达自己的感受，询问他们是否感到不自信或不安。例如：

"你可以告诉我为什么不想参加这次活动吗？我们一起来想办法解决问题。"

"我看到你在和大家一起拍照的时候戴着口罩，我很好奇，为什么你不愿意摘下口罩呢？"

最后，让孩子知道父母是他们的支持者，无论他们做什么，父母都会支持他们。不要强求孩子参加社交活动，尊重孩子的决定更重要。例如：

"我们会一直支持你，无论你做出什么决定。"

第二章　面对孩子的挑战性行为的话术

除了给孩子提供一些积极的建议，父母还可以主动营造良好的社交环境：

"孩子，你的生日快到了，妈妈打算给你办一场小型的聚会，你可以邀请你的朋友来参加。妈妈给你准备了邀请卡，你可以提前想一下邀请谁哦！"

如果孩子不愿意出门，那就把聚会安排在自己的家里，毕竟在自己家，孩子作为主人，其内心的安全感会更足，会感到更加舒适和自在，有利于激发他的社交欲望。

一旦孩子参加了社交活动，父母就需要及时给予肯定和鼓励，增强他们的社交自信和积极性。比如：

"在今天的家庭聚餐上，你给大家讲你学校的情况，讲得非常详细和生动。你有没有注意到，大家都很有兴趣地在听你说话呢！其实，就像这样，经常和大家沟通，你的表达能力和沟通能力都会得到很大的提高呢！"

当然，参加社交活动还有很多好处，比如，可以拓宽视野、了解更多信息、扩大社交范围。另外，孩子在与人社交的过程中，不仅可以给别人提供需要的信息或者满足对方的情感需求，还能在这一过程中体验到自我价值的实现和认同。所以父母可以根据孩子的社交体验，适当给予孩子积极的反馈。

孩子更喜欢和年龄差不多的孩子社交。如果孩子有些孤僻，父母可以根据孩子的兴趣爱好，鼓励他参加兴趣班或融入小

跟孩子深度交谈

群体：

"孩子，我看你很喜欢马，我们可以去马术俱乐部体验一下骑马的感觉，怎么样？"

"孩子，我看你特别喜欢数学，但是邻居家的妹妹经常因为数学作业发愁，你看看能不能指导她一下呢？"

孩子只要进入社交圈子里，就有机会结交志同道合的朋友，这样就可以增加与人交流的机会，进而提高孩子的社交能力。

孩子在社交能力弱的时候，是需要父母陪伴的。父母可以与孩子一起参加一些亲子活动，比如户外爬山。

"我看明天咱们小区组织亲子爬山活动，爸爸很希望带着你一起参加，我们可以多拍一点儿好看的照片呀！"

类似爬山这样的户外运动，能产生一些肢体接触，可以让孩子安心和放松，也有利于拉近亲子关系。

父母的模范作用很重要。父母如果自己都不喜欢社交，却要求孩子是个"社交达人"，那就是不合理的期待。

有些父母非常担心孩子回避社交，性格过于内向，不利于未来的个人发展。这里面有一个误区，就是过分放大了内向的孩子的劣势，而不了解内向的孩子的优势。

殊不知，内向的孩子注意力更集中，听课效率高，喜欢思考，善于观察，洞察力强，考虑问题也更缜密，因此也能拥有高质量的创意和明智的决策。

所以，如果孩子不愿意社交，父母千万不要全盘否定，而是要明白：这只是孩子现在的特点，不是缺点。而且孩子的社交能力也会随着其年龄的增长而变化。

生活中，如果其他人随意评论我们的孩子有回避社交的倾向，我们可以这样和孩子说：

"你有很多独特的优点，这些都是很宝贵的。你的个人价值不仅仅取决于你的社交能力。"

"我知道你可能听到了关于你不太爱社交的评论，但请记住，每个人都可以按自己的节奏去与世界互动。"

"社交能力是可以慢慢培养的，如果你愿意，我们可以一起找一些适合你的方式来提升这方面的能力。但无论如何，我都希望你保持自己的个性和风格。"

这样说可以避免孩子产生自卑和沮丧的心理，理解自我价值是由自己的内在品质和特点所决定的，而不仅仅取决于社交能力。

迷恋"二次元"世界

"我很不能理解,为什么我儿子,一个高高大大的高中生,弄了一张可爱的女性动漫角色的图片当微信头像?"

"我女儿和朋友外出,经常穿着一套不知道从哪里搞来的奇怪衣服,假发是紫色的,服装既不是古代的,也不是现代的,看着特别怪!"

"家里不断地收到孩子的快递,我一看,不是什么卡片、徽章,就是各种大大小小的玩偶。我就奇怪了,孩子都上高中了,怎么又开始喜欢玩偶了呢?"

第二章　面对孩子的挑战性行为的话术

这些父母的困惑，反映出"二次元"文化已经深入很多青少年的日常生活。这些孩子对于"二次元"的喜爱极度狂热，他们把很多时间用来观看或阅读最新的"二次元"作品，包括最新的动画、漫画等；他们会购买大量与"二次元"相关的商品，如动漫周边、漫画书、游戏等；他们会模仿自己喜欢的"二次元"角色的言行举止、穿着打扮等。很多父母在面对这种情况时，都会感到非常头疼。

于是，就出现了一些"家庭事故"现场。

现场一

父母："你一个男生，微信头像用什么不好，怎么用这么可爱的女性动漫角色的图片呢?! 这和平常的个人形象很不符啊！我建议你换一个吧。"

孩子："您是不是管得太宽了啊！再说了，您又不懂这方面的事，就别乱操心了！"

现场二

父母："出门怎么能穿成这样啊！别给我丢脸了，赶紧脱下来！"

孩子："我这叫角色扮演，您不懂就不要瞎说，也不要瞎管！"

跟孩子深度交谈

> **现场三**
>
> 父母："你现在怎么变得这么幼稚了呢？怎么又开始喜欢这些卡片、徽章和玩偶了呢？这不是你小学时喜欢的东西吗？怎么现在又花这么多钱买这些没用的东西？"
>
> 孩子："您根本不懂，怎会知道这里面的乐趣！"

"您不懂我"，这是孩子们普遍的反馈。的确，面对这些新生事物，很多父母一头雾水，感叹代沟太深。

漫画、游戏等"二次元"产物为什么会被很多孩子喜欢呢？这是因为它能够虚拟出孩子想要的世界，这些虚拟世界以及虚拟人物可以让他们的心情变好，心理需求得到满足。

第二章 面对孩子的挑战性行为的话术

"二次元"人物都有自己的鲜明人设,有些人物令孩子欣赏和敬佩,这与崇拜现实世界里的明星差不多。这一现象尤其在青春期孩子身上特别明显。

有些心理学家将青春期称为"心理断乳期"。在这一时期,孩子正在逐渐失去童年时对父母的情感依托,而偶像崇拜就是他们寻找到的一种新的寄托方式。

青少年都要经历一个从自我迷茫到自我确认的过程,青春期正是发生这一过程的时期。在孩子们形成自我认知的过程中,所模仿的对象处于一个十分重要的位置。

对处于精神困惑中的孩子来说,选择一个优秀的偶像可以很好地投射出自己的价值所在,从而能够在群体之中获得认同感和归属感,让心灵得到安慰,让自己得到情感上的满足。

只不过在当下的社会中,孩子们喜欢的偶像并非只有歌星、影星,还有动漫或游戏里的人物。围绕着这些"二次元"人物产生的周边商品,也就成了孩子们追捧的对象。

跟孩子深度交谈

比如，孩子喜欢的"二次元"人物不仅会有接连不断的剧情演绎，还可能会开虚拟的演唱会。基于偶像产生的粉丝网络群体，也会让孩子交到更多的朋友，在朋友中找到归属感。

青春期的孩子对"二次元"感兴趣是很正常的。当然，副作用也会十分明显。过度地沉浸在"二次元"的世界里，往往会令孩子产生超越现实和自我的情感体验。因此，他们就会显得排斥现实生活、不切实际、好高骛远等。

想要帮助孩子从虚无的"二次元"世界中脱离出来，父母的说教能够起到的作用相当有限。"二次元"文化并不是一种消极、堕落的文化，它可以帮助孩子拓宽视野，培养想象力和创造

第二章 面对孩子的挑战性行为的话术

力，甚至可以帮助孩子学习到更多的文化知识。所以，我们不能一味地批判。

我们可以先接受孩子的这个兴趣，先和孩子了解他喜欢的"二次元"文化的内涵和意义，一起了解一些优秀的"二次元"文化作品，共同探索和欣赏其中的价值。比如：

"你能给我介绍一下你喜欢的这款游戏的剧情吗？"

"哦，我了解了，你喜欢的人物确实很棒，有……品质。你通过这个游戏，还延伸学习了这么多……"

这样，我们可以和孩子有更多的交谈话题和沟通机会，从而能够了解孩子为什么如此喜欢"二次元"的世界，他在这个世界里到底想要获得什么。

孩子在"二次元"的世界里想要获得的，可能就是他在现实世界中缺少的。

比如，有的孩子有社交的需求，可是在现实中不知道如何去结交朋友，而"二次元"世界提供了一个独特的社交平台，通过共同的兴趣爱好，孩子可以与具有相同爱好的同龄人建立联系和互动。父母如果了解到孩子有这样的需求，那么可以有意识地带孩子多参加一些现实中的社交活动，积极鼓励孩子在现实中结交朋友。比如，可以让孩子参加一些夏令营或者一些兴趣小组等。

也有的孩子因为学习压力很大，感觉很无助，"二次元"的世界为他们提供了逃避现实的机会，让他们能够在这里得到安慰

跟孩子深度交谈

和放松。父母如果了解到这个原因，就要帮助孩子解压，引导孩子用正确的方式来放松自己，从而避免过度陷入虚拟世界。

总之，父母只有深入孩子的内心世界，才能有效地理解孩子，帮助孩子解决现实生活中存在的问题。

要当"网红",无心学习

互联网时代,短视频盛行并造就了"网红"(网络红人),这让一些青少年有了一个做"网红"的梦。

那些唱歌、跳舞、模仿老师言行的博主,小小年纪就体验到了流量带来的成就感和自豪感。这使得一些同龄人跃跃欲试。

有些父母,对孩子想要做"网红"这件事很宽容,不仅默许孩子去做,还会帮孩子进行宣传和推广。这样的话,父母很有可能会面临这样一种失控的现象:孩子沉浸在网络世界中,忽略甚至放弃了学业。

跟孩子深度交谈

> 小萱非常善于模仿,她已经利用闲暇时间在某短视频平台发布了十几个视频,是一个拥有几万个粉丝的"小网红"了。最近,老师发现小萱上课时根本无心听讲,一下课就和同学聊她制作的短视频,并让同学关注、帮她宣传她的短视频账号。
>
> 老师赶紧和小萱的家长沟通了该情况。小萱的妈妈也发现女儿最近写作业时总是走神,经常托着下巴发呆。多次提醒她好好学习之后,小萱竟然说:"学来学去,最后不也是毕业后找个工作挣钱吗,还不如现在直接当一个'网红'呢!"

小萱的妈妈很后悔当初四处帮女儿推广她的短视频账号,现在孩子有点"走火入魔"了,想再拉回来十分困难。这该怎么办呢?

小萱妈妈很焦虑,前来做教育咨询。

我们一起分析了小萱的现状。已经拥有了较多粉丝的初一学生,是不可能轻易放弃拍短视频的。如果强行制止孩子,必然会引发孩子的逆反行为。孩子已经号召同学们帮她宣传,说明她对自己很有信心。这份自信来自对自我价值的认同,是青少年非常宝贵的品质,必须保护好。但是,又不能让她过度地放大自信,变得狂妄自傲。拍短视频这件事不能否定，但是也不能鼓励。另外，可以联合老师，一起帮孩子树立正确的价值观。

于是，小萱妈妈回去后，展开了一系列的行动。

(1) 充分了解孩子的想法。

"妈妈，你没发现吗？现在很多普通人通过拍摄有趣的短视频，不仅收获了众多的粉丝，还能接到各种合作广告。这不仅让他们的生活变得多姿多彩了，还能赚到钱。我也想像他们那样，让更多的人看到我的创意和想法。"

"哦，那你有没有想过，你想成为哪一方面的短视频博主呢？"小萱妈妈温柔地提问，心中已有了打算。

"这……我还真没细想过。"小萱显得有些困惑。

小萱妈妈轻轻一笑，随即打开手机，找出了一位博主发布的两段视频给小萱看：一段是博主精心策划、剪辑后的短视频，画面流畅，创意十足，收获了无数点赞；另一段则是博主在幕后，反复拍摄同一场景，不断调整角度、光线，甚至为了一个镜头重拍几十次的片段。

"孩子，你看到的这每一个看似简单的短视频，其实背后都经历了拍摄者对内容的深入思考和无数次的修改完善。而且，你知道吗？这些博主要想拍摄出有创意的短视

> 频，需要在创作之余努力学习各种拍摄技巧，不断提升自己的摄影技巧、剪辑能力，加强他们对故事的理解，这样他们才能持续产出高质量的短视频内容。"
>
> "拍摄短视频不仅仅是按下快门或点击录制那么简单，它需要你用心去观察生活，用创意去构思内容，用耐心去打磨每一个细节。"

小萱妈妈的这番引导是非常重要的，很多青少年只看到了镜头前光鲜靓丽的"网红"，却不知道镜头背后这些"网红"所付出的努力。

第二章　面对孩子的挑战性行为的话术

（2）保护好孩子的自信。

对于孩子想成为"网红"的梦想，不能一味打击，还要注意保护好孩子的自信。

> 接下来，妈妈对小萱说道：
>
> "和你说这些，并不是不认同你的想法，而是想让你知道，如果你能认定目标，吃下这份苦，那么无论你今后选择做什么，妈妈都支持你。"
>
> 和孩子谈完后，小萱妈妈又找到小萱的班主任，一同协商正确引导小萱的办法。
>
> 最后，班主任接纳了小萱妈妈的建议，搞了一次主题班会，请小萱专门分享一下自己拍短视频的故事。为了这次主题班会，小萱妈妈还帮小萱设计了自我介绍以及演讲文稿，最终，主题班会进行得非常好，同学们对小萱的分享很感兴趣。

（3）让孩子看到自己的局限性。

> 妈妈先让小萱感受到了自信，然后，为了避免孩子盲目自信，让孩子能更加客观地看待自己，她还在网络上联系了更专业的模仿界"网红"，把小萱的情况详细介绍了

跟孩子深度交谈

> 一下。这位"网红"特别为小萱录了一段话,从专业的角度,给小萱挑了很多毛病,也分享了自己成为"网红"的艰辛之路。
>
> 小萱听了之后感触颇多,意识到自己懂的其实很有限,并不了解更深入的知识,只是停留于表面的喜欢而已,靠一定的运气才成为"小网红"。想要成为更专业的"网红",不仅表演功力还需要加强,而且要具备一定的文化知识,另外还需要专业团队协作。

所以,父母要多多引导,让孩子知道"网红"不是随随便便就能成功的,要想成为"网红",是要付出努力的。比如,孩子想当"网红歌手",那父母就要告诉孩子学习音乐知识的重要性,让孩子知道,成为任何类型的"网红",都需要具备一定的知识素养,而当下正是学习知识的关键时期。

总之,孩子想当"网红",不想学习,是因为他们的心智还不健全。因此,父母要帮助孩子看得更远,树立更积极的价值观,逐渐淡化对成为"网红"的不切实际的幻想。

第二章　面对孩子的挑战性行为的话术

孩子打架，学校"请家长"

由于孩子在学校的某些行为违反了学校规定或者与同学发生了一些较大的冲突，有些父母就会接到孩子的转告或者老师的通知："你来学校一趟"。

学校"请家长"，这很容易让家长感到没面子，也很容易让家长把气撒到孩子身上。

> 一天，晨晨的妈妈收到晨晨班主任的信息，说晨晨在学校和同学打架了，要她去一趟学校解决问题。晨晨妈妈干的是财务工作，年底正是忙的时候，原本工作就让她焦

跟孩子深度交谈

> 头烂额了,一听到孩子在学校打架的消息,脑袋瞬间像是被敲打了一下,她心想:这孩子怎么这么不让我省心呢!
>
> 带着情绪,晨晨妈妈来到了学校,在老师的办公室看着晨晨站在那里,就气不打一处来,对着儿子骂了起来:"你就不能让我省省心吗?一天天让人烦死了!你不好好学习,竟然还在学校和同学打架,真是受够你了!"
>
> 晨晨看着妈妈如此态度,直接就对着妈妈吼起来:"谁让你管了!"然后,就冲出了老师的办公室。
>
> 结果,晨晨这天放学后迟迟不回家,妈妈心急如焚,后来在晨晨的同学家才找到了他。

父母处于低能量状态时,本身就很烦躁和焦虑,此时再去面对孩子的麻烦事,往往很难采用理性的方式处理。

因此,面对学校请家长这件事,我们该如何处理呢?

(1)先想一想自己此时的状态。

面对这件事,自己的能量状态是什么样的呢?自己能否保持情绪稳定?

(2)和老师做好沟通。

与班主任的沟通是接下来与自家孩子沟通的重要前提。通过与老师沟通,一是可以更全面地了解孩子在学校发生的事情,二

第二章 面对孩子的挑战性行为的话术

是可以了解孩子的日常表现，尤其是好的表现，为接下来与孩子沟通做好铺垫。

与老师沟通时要尊重老师，对于老师讲的情况，有的家长甚至会准备好本子和笔来进行记录，展示出一种认真、负责、配合的积极态度。老师得到了足够的尊重，也会更愿意与家长多沟通，并在平时多关注孩子的成长变化。

在和老师沟通孩子的情况时，除了要搞清楚老师让家长来的具体原因，还要多问几个关键的问题：

"孩子最近在学校里表现好的地方有哪些呢？"

"孩子需要改善的地方是哪些呢？"

"老师，您看需要我们家长配合的地方是什么呢？"

跟孩子深度交谈

有的父母提的问题非常宽泛，比如：

"我家孩子在学校里的表现怎么样？"这样，老师也不知道怎么回答，你问的问题越具体，老师才能反馈得越详细。

（3）与孩子沟通。

与老师的沟通结束后，我们才能开始这最重要的一步。可以说，前两步都是第三步的前提，都是为了能与孩子展开有效的沟通而做的必要准备。

有的家长见到孩子就开始批评、指责孩子，就像晨晨的妈妈一样。很多家长会觉得孩子在学校不好好上课导致自己被老师喊来，让自己很没有面子，于是就把怒气发泄到孩子身上。

殊不知，被"请家长"的孩子有时也会有一肚子的委屈和怒火，他们更希望父母能站在自己这一边。但是父母一来到学校，

往往是先找孩子的问题，这会让孩子感觉到自己在最需要父母支持的时候，父母却不为自己撑腰。此时，有的父母还会说：

"你怎么能打人呢？你再有理，打人也是不对的！"

这样的指责会让孩子觉得父母不愿意听自己的苦衷，只看见了自己的过错，明明是自己的父母，却在袒护别人家的孩子。

更有伤害性的是，有的父母可能会说：

"人家咋不欺负别人，就欺负你呢？"

这句话背后的含义仿佛是自己的孩子活该被欺负，孩子的这些委屈和伤害都是自己招惹来的。

这些话，会像锋利的刀刃一样刺痛孩子的心，从此，孩子可能会对父母关闭心门。

所以，首先，当孩子与外界有了冲突时，我们父母需要控制

跟孩子深度交谈

好自己的情绪，即使被老师批评了，也需要先处理好自己的情绪，然后站在孩子的角度，向孩子了解清楚发生的"事实"，因为不管是老师还是发生冲突的同学，每个人都是基于自己主观的认知来理解"事实"的，这不一定是全面的。

尽管孩子认知的这个"事实"有一定的主观性，但是，孩子自己的认知才是重点。这个时候，父母不妨这样说：

"孩子，你能告诉我发生了什么吗？这一切都是怎么回事？"

让孩子详细诉说事件的经过，以及他在这个过程中的感受、想法以及行为。

其次，在倾听孩子诉说的过程中不要打断孩子，尽量让孩子说完整，并表达出自己对孩子的充分理解和共情：

"哦，他说这话确实会令人很生气。嗯……我能理解你当时的心情。"

要知道，一个人的感受没有对错，只有行为是否合适。接着，我们和孩子一起讨论他的行为：

"你在生气之下，打了他，然后老师就把我给叫来了。这样的结果是你希望的吗？"

"我想你肯定不希望有这样的结果，那么我们再想一下，当发生这样的事情时，我们是否可以用其他的方式来解决问题呢？"

第二章　面对孩子的挑战性行为的话术

再次，和孩子讨论更合理的解决问题的方法，让孩子通过这次和同学的冲突，获得更多的成长经验。

和孩子沟通完他与同学之间的问题后，我们再来和孩子谈谈老师对他的看法。因为孩子会担心自己让老师失望，也担心老师对自己有负面评价。

这时，我们就可以把第二步和老师沟通中的重要信息使用上了：

"老师说你在某方面表现得特别好，比如……你就做到了……"

尽量把老师表扬孩子的部分具体地表达出来，同时可以适当以老师的口吻做一些延伸的正向评价。

"老师说，如果你能保持自律，那未来……"

"老师说，如果你在……方面再稍微能突破一下，那将会更棒，其实老师挺期待你的突破的。"

即使老师对孩子有负面的评价，我们也可以转为积极的鼓励。拿老师说的话来肯定和鼓励孩子，是更为客观的，孩子也更容易接受，同时，也避免孩子因为冲突问题对老师产生不满而影响以后的师生相处。

最后，向孩子表达父母对他的无条件的支持：

"不论你这里有什么事情发生，爸爸妈妈都会站在你这边支持你。"

跟孩子深度交谈

　　以上沟通能让孩子知道，父母会无条件地站在他这边，做他坚强的后盾。共同去面对问题和解决问题，而不是站在孩子的对立面，和问题一起打败孩子。

第三章
面对孩子情绪起伏不定的话术

青春期的孩子容易冲动，缺乏理智。如果想让理智脑"当家"，情绪脑必须感受到开心、愉快等正面情绪；反之，当情绪脑感受到生气、沮丧等负面情绪时，理智脑只能"下线"，无法工作。因此，对于青春期的孩子，父母一定要先处理他的情绪问题，然后才能引导他理智地思考问题。

"您是父母，就有特权吗"

"凭什么你们可以看手机，我却不能看？"

"说我顶嘴？那您怎么不想想您说的话有没有问题？"

当青春期的孩子红着脸，无视家长的权威，情绪激动地和父母叫板时，父母受到的挑战是相当大的。

这时候，父母往往会连连叹气道：

"唉，这孩子太不听话了！"

"这孩子怎么变成这个样子了？"

"看来孩子学坏了，竟敢顶撞父母了，搞不好，还要打父母呢！"

被青春期的风暴席卷过的家庭，父母感到既愤怒又伤心，感

第三章　面对孩子情绪起伏不定的话术

觉孩子就是在和自己对抗，就是故意找麻烦。

其实，这只是青春期阶段的孩子寻求独立的表现，并非要与父母为敌。父母单凭着"我是你父母"，就想让孩子乖乖听自己的话，显然是不行的，无法对青春期的孩子起约束作用。

另外，孩子进入青春期，他们的情绪往往会经历显著的波动，表现得十分不稳定，不管你是使用温柔的方式还是严厉的方式对待孩子，孩子都容易出现过激反应，弄得父母往往措手不及、束手无策。所以，有人形容青春期的孩子的情绪是"六月的天，说变就变"。

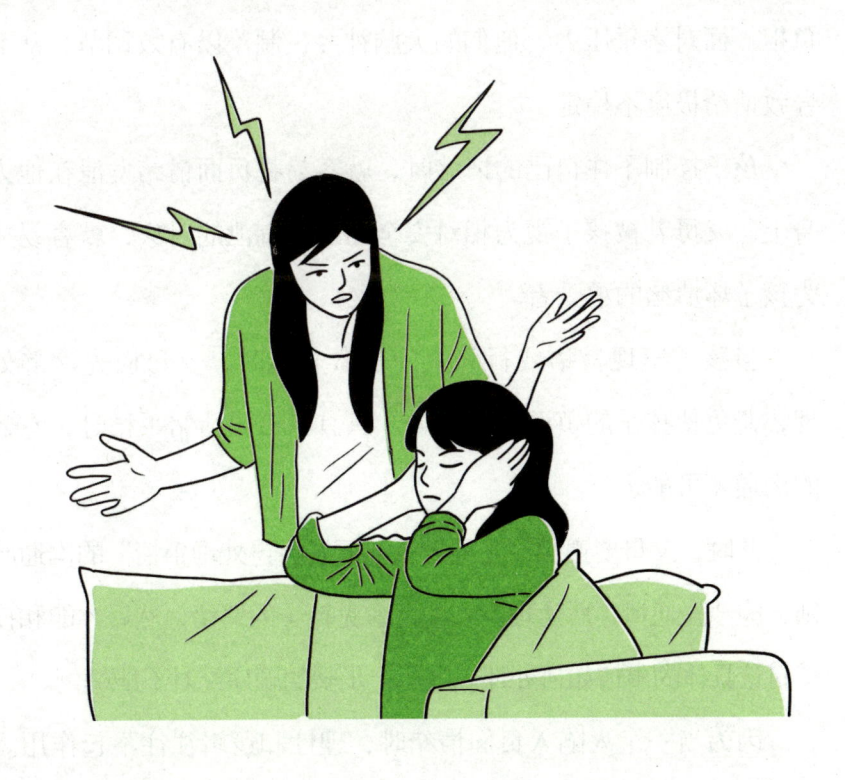

跟孩子深度交谈

其实，青春期的孩子情绪不稳定，是有一定原因的。

首先，处于青春期的孩子，身体会分泌大量激素，这些激素不仅影响孩子的身体发育，还对孩子的大脑活动产生影响，进而使青春期的孩子情绪多变，时而平静，时而冲动。

其次，睡眠不足是影响青少年自我控制力的另一个关键因素。青春期的孩子大脑尚未完全发育成熟，特别是负责自我控制的部分。加之他们面临繁重的学习任务和社交压力，容易出现睡眠不足的情况，使得他们的自我控制力被削弱。

最后，学习压力、社交压力等都会成为青春期的孩子的心理负担。面对多重压力，他们的大脑神经机制难以有效调节，从而导致情绪极度不稳定。

孩子控制不住自己的情绪时，就容易将负面情绪发泄在他人身上。父母若被孩子视为相对安全的情绪宣泄的对象，就容易成为孩子坏情绪的承受者。

当孩子出现言语或行为上的过激表现时，父母应先冷静处理，避免使孩子的负面情绪加剧。只有当孩子情绪平稳时，有效的沟通才可能进行。

此时，父母要遵循"先处理情绪问题，再处理事情"的沟通原则，即"先通情，后达理"。先要看见孩子的情绪，然后才能和孩子讨论具体的事情如何处理。这两个步骤的顺序绝对不能颠倒。

因为当一个人陷入负面情绪时，理性和逻辑往往不起作用。

第三章　面对孩子情绪起伏不定的话术

只有在他的情绪被理解、接纳之后,再和他分析问题、讲道理才会起作用。

比如,孩子因为陪伴自己多年的猫咪去世了,伤心不已,不停地哭。爸爸走过来,说:"没关系,不就是一只猫吗?爸爸明天再给你买一只!"

这么说,孩子反而会哭得更厉害。因为孩子哭不仅仅是因为猫咪的死,更是因为他的情绪没有被接纳和理解。

如果爸爸这时候说"失去一个好朋友确实会令人很难过",孩子就能更好地面对现实和自己的感受。

孩子的情绪如果被父母接纳、理解,并得到适当的表达,就会自然消退。这就像是被大坝拦住的滔滔洪水,及时放闸泄洪,就能回归平静。

跟孩子深度交谈

如果爸爸面对伤心的孩子，上来的第一句话是："你看，事已至此，我们只能接受，毕竟我们明天还要考试，不能因为这件事情影响了心情。"

这样一上来就对孩子讲道理，即使孩子勉强听进去了，但是情绪由于没有被充分理解而无法自然消退，会一直压抑在孩子心头，使孩子无法全身心地投入学习。

《蘑菇的故事》可以很好地给我们带来一些启发：

> 一个精神病人认为自己是一朵蘑菇，整日不吃不喝，蹲在角落里。
>
> 一个护士走过来，对他说："你不是什么蘑菇，你是个人，快起来！"
>
> 这个精神病人无动于衷。
>
> 又有一个护士上前对他又拉又拽，试图让他起来，但是依然没有办法让他挪动。
>
> 这时候，另一个精神病人走过来，也蹲在这个精神病人的身边，一动不动。
>
> 这个精神病人很好奇，主动问另一个精神病人在干吗。
>
> "我是一朵蘑菇呀！"
>
> 这个精神病人立刻感觉遇到了知音，便和他聊了起

第三章 面对孩子情绪起伏不定的话术

> 来，且越聊越开心。
>
> "不如我们先吃点儿东西吧！"后来的"蘑菇"提议道。
>
> "好呀！"原来的"蘑菇"很开心地同意了。
>
> 于是，两个"蘑菇"站起身，一起吃饭去了。

当孩子出现负面情绪时，我们不要着急否定孩子的情绪，如："没事，这件事情不值得伤心……"更不能把孩子从负面情绪中生拉硬拽出来，如："你有完没完啊！一遇到事，就哭哭啼啼的，赶紧控制一下，写作业去！"我们需要进入孩子的情绪状态里，去理解他、感受他，和他共情，然后再引导孩子正视问题，调整认知，采取积极的行动来应对问题。这才是明智父母的做法。

总结起来，我们可以采取以下策略来进一步引导孩子调整情绪，并让他们学会如何积极面对生活中的挑战。

（1）表达理解与接纳。

通过肯定孩子的感受，让孩子感受到他们的情绪是被理解和接纳的，从而建立安全感。

"我发现你现在很难过，如果是我遇到这样的事情，可能也会感到不开心。"

跟孩子深度交谈

"宝贝，你的感受很重要。我在这里，非常愿意倾听你的每一件心事。"

（2）引导孩子表达情绪。

通过让孩子说出自己的感受，我们可以更准确地理解他们的处境，并为他们提供更有针对性的支持。同时，这也教会了孩子如何有效地表达自己的情感。

"你看起来很不开心，是因为……，对吗？如果是这样，那我们一起来想想办法吧。"

"有时候，把心里的感受说出来，会感觉好一些。你愿意分享一下你的感受吗？"

（3）教孩子情绪管理技巧。

通过教孩子深呼吸、绘画、写日记等方法，我们可以帮助他们学会在情绪高涨时自我调节，保持冷静和理智。

"深呼吸是个很好的方法，可以帮助我们平静下来。来，我们一起试试看，深深地吸气，然后慢慢地呼气。"

"当你觉得难过时，可以试试画画或者写日记，把心里的感受画出来或写下来，有时候这样能帮助我们更好地理解自己。"

（4）鼓励孩子积极思考。

通过引导孩子从多个角度看待问题，寻找其中的积极面，我们可以帮助他们培养更加坚韧和乐观的心态。这不仅能够缓解负面情绪，还能够激发他们的创造力和解决问题的能力。

"虽然这件事情现在看起来很难,但我们可以一起找到解决的办法。每个问题都有它的两面性,也许我们可以从中学习到一些东西呢。"

"记得上次我们也遇到了一个难题,后来我们一起努力,不是找到解决的办法了吗?这次我们也能做到的。"

(5)设定目标与制订行动计划。

一旦孩子能够正视问题并愿意采取行动,我们就需要与他们一起设定明确的目标和制订行动计划。这有助于将问题具体化、可操作化,让孩子知道接下来应该做什么、怎么做。同时,这也能够培养他们的责任感和执行力。

"接下来,我们可以一起制订一个小计划,看看怎么一步步地解决这个问题。你有什么想法吗?"

"让我们一起设定一个小目标吧,比如先尝试跟……谈一谈,看看事情会不会有转机。"

(6)强调支持与鼓励。

无论孩子面临多大的困难和挑战,我们都需要坚定地站在他们身边,给予他们足够的信任和鼓励。这不仅能够增强他们的自信心和勇气,还能够让他们感受到家庭的温暖和力量。通过不断的支持和鼓励,我们可以帮助孩子建立起积极的自我认知和价值观。

"无论结果如何,你都不是一个人在面对。爸爸妈妈会一直

跟孩子深度交谈

在这里支持你、鼓励你。"

"我相信你有能力克服这个困难,因为你一直很勇敢、很坚强。"

通过这样的方式,我们不仅教会了孩子如何正视和应对负面情绪,还培养了他们的情绪管理能力、解决问题的能力以及自信心。在这个过程中,亲子关系也会因为相互的理解和支持而变得更加紧密。

"讨厌老师，不想听课"

青春期的孩子情绪非常敏感，如果孩子对老师有抵触情绪，抗拒老师，在课堂上故意和老师对着干，连老师讲的知识都一并拒绝，那孩子的学习就会受到影响。

有一次，我让一个初中女生做心理沙盘游戏时，发现这个孩子非常讨厌数学老师。究其原因，是数学老师有一次在课堂上当众点她的名字，说："你们看看，就连×××都错了四道题！"孩子感觉自己被当众羞辱了，因此对数学老师产生了极大的反感心理，后来在数学课上非常不配合老师，听课的时候也是左耳朵进，右耳朵出，以致数学成绩直线下降。

这个孩子只是感受到了自己的负面被众人关注的羞辱感，而

跟孩子深度交谈

忽略了老师话中的"就连"这两个字背后隐藏的欣赏态度，当我在咨询中帮助到她看到了这一点后，她对老师的抵触情绪有了改变。

这个孩子的数学老师对她还是认可的。当然，也有的老师就是会当众批评孩子、指责孩子，伤害孩子的自尊，激起孩子的强烈的逆反情绪。

也有的孩子因为不喜欢老师的长相、口音而讨厌某学科。有孩子和我说，她的数学老师上课的时候总是昂着头，眼镜滑到了鼻尖，说话时声音含含糊糊的，她一听这位老师的课，就想睡觉。

确实，有一些老师的教学方式缺乏趣味性和互动性，让孩子感到非常无聊，渐渐地就不喜欢这门学科了，甚至有的孩子怀疑自己是否适合学习这门学科，对自己产生了深深的怀疑。

老师对待学生的态度也会给孩子留下不同的感受。比如，有些老师可能对待学生不够公正，这会让某些孩子感到被忽视或者不受重视，以至于不喜欢老师了。

孩子抵触老师，会有很多种表现。当看到孩子某门学科的成绩有了异于平常的下降时，我们就要深入了解是不是师生关系出了问题。如果孩子某门学科长期不好，也要了解一下是不是教这门学科的老师的原因。

然而，有的父母一听孩子在自己面前抱怨老师，说老师这里不好、那里不好，就容易给孩子讲道理：

"作为学生，怎么能诋毁老师呢？"

"老师这么做都是为你们好，你现在不理解，以后就明白了！"

"谁都有毛病，你总看老师的毛病，是你看事情的角度有问题！"

"你说老师不公平，这世界上哪里有绝对公平的事情呢？"

"别人都适应得了，就你矫情，怎么适应不了呢？"

如果父母在孩子抱怨老师时，批评孩子抱怨的这个行为，或者讲一些大道理，可能会导致孩子心生反感，以后也不愿多和父母讲心里话。

如果孩子真的因为讨厌老师而讨厌这门学科，那父母该如何与孩子沟通呢？

跟孩子深度交谈

我们来看这样一组父子对话。

"爸爸，我特别讨厌我们语文老师，现在我都不想学语文了！"

"语文老师怎么让你讨厌了？"

"她上课的时候批评我，弄得我一点儿面子都没有！"

"你想想，你是讨厌语文，还是讨厌语文老师这个人？这两者你得区分清楚，不能混为一谈。比如，咱们换一个语文老师，你还讨厌语文吗？"

"那我比较讨厌的是语文老师这个人。"

"哦，语文你是愿意学的，你只是讨厌语文老师。那你再想想，这个语文老师为什么让你觉得讨厌呢？"

"总是批评我！"

"哦。那你再想想，你是讨厌语文老师这个人，还是讨厌语文老师对待你的方式呢？"

"我比较讨厌语文老师对待我的方式。"

"语文老师对待你的方式不是你喜欢的，这说明她不了解你。你再看啊，老师批评你，对她自己有什么好处呢？"

"没有。"

第三章　面对孩子情绪起伏不定的话术

"那她不了解你,但是她想对你好,在她还没有找到更好的对待你的方法的时候,就先批评了你,是不是这样呢?所以,咱们需要让老师对你加深了解。这点我也有责任,我和老师的沟通不到位,我先给你道个歉。你呢,也得和老师多沟通,让老师了解你,等她找到教你的办法了,她是不是就不会这样对你了?"

"嗯,我理解了。"

"以后你还会遇到一些人,现在是语文老师,以后是大学老师,工作后是领导,你需要多让人家了解你。了解了,老师也知道怎么对你好,这样,你也舒服了,老师也轻松。"

跟孩子深度交谈

在上述对话中，首先，父母和孩子讨论为什么讨厌老师这件事，逐渐从"是讨厌老师还是讨厌语文这门学科"区分出是"讨厌老师"，而不是"讨厌语文这门学科"，又从"讨厌老师"区分清楚是"讨厌老师的这个行为方式"。然后，引导孩子理解老师的这个行为方式背后的原因：老师想对孩子好，但是用错了方式。最后，对孩子进行引导：我们需要多和老师主动沟通，让老师多了解我们，就可以改变老师对待我们的方式了。

这样的话术，不仅对帮助孩子处理当下的师生关系有用处，还对其日后处理复杂多变的人际关系有参考意义。

第三章　面对孩子情绪起伏不定的话术

"我不想上学了"

"妈妈,我今天肚子疼,不想上学了!"

这是明明开学以来第三次这样说了。妈妈带他去医院检查,但又检查不出来什么问题。妈妈心想:是不是孩子不想上学而装病?但是看他那痛苦的样子,又不像在说谎。

很多孩子都会出现像明明这样的情况,表现为各种症状:头疼、牙疼、肚子疼,以及恶心、呕吐、心慌、发热等,去医院检查却查不出来任何疾病。

当上学导致的心理问题以躯体化症状显现的时候,孩子是在通过身体症状告诉父母:我不太好。

但是,这些问题,父母往往用"厌学"一词概括。

跟孩子深度交谈

我在做青少年心理咨询工作时,有时候和家长提到孩子有抑郁、焦虑等表现时,家长往往不能理解:

> "现在的孩子吃喝不愁,好几个大人伺候着,什么活都不用干,只专注于学习,还抑郁了?"
>
> "你们这一代孩子真是太娇气了,有点儿挫折就受不了了。当年我们的爹妈管教得那么严厉,我们不也好好地过来了?"
>
> "你就是太闲了,找点事做就不会想那么多了。"
>
> "你怎么那么敏感?一点儿事就把你弄成这个样子,你看看别人家的孩子多乐观。"
>
> "你总是这样,让我们怎么帮你?"
>
> "你就不能坚强一点儿吗?"
>
> "你别老是把自己关在房间里,出去和朋友聊聊不就好了吗?"

父母如果无法理解孩子,当然就不懂得如何与孩子沟通,更不知道怎么帮助孩子解决问题。

这时候,就需要父母进行换位思考。

假如你是一名员工,早上七点就要起床去上班,晚上下班后,还要带着工作回到家继续加班,甚至有时候加班到深夜。周末，还要去各个地方兼职，不能休息。并且，各个上班的地方还会对你提出不同要求，考核你的业绩，给你划分优、良、劣等级……

请问，在这种情况下，你感受到了怎样的压力呢？

而这个时候，你回到家里，家里人还询问你的收入情况。当你的收入下降时，家人会跟着焦虑，抱怨你不努力工作，或者让你多找一份兼职，让你在本该休息的时候，继续努力工作，以增加收入。此时，你会不会抑郁、烦躁呢？

来找我咨询的孩子，有相当一部分患有焦虑症、抑郁症、强

跟孩子深度交谈

迫症、双向情感障碍等心理问题，甚至还有一部分孩子因此有过伤害自我的行为。

了解了以上情况，当孩子对你说"我不想上学了"时，你还会随口说出下面这些话吗：

"怎么能不上学呢？不上学功课就落下了呀，谁给你补课呀？"

"这孩子，我看你就是想偷懒，找借口！"

"必须去上学，我送你去！"

当我们不了解孩子面临的困难和压力时，随口说的每一句话，都很可能让已经疲惫不堪的孩子雪上加霜。那么，我们该如何正确地与孩子沟通"我不想上学了"这件事呢？

（1）冷静下来。

父母要做到冷静，一定要冷静下来，不能上来就凭自己的主观臆断随意评价孩子、批评孩子或者强迫孩子。虽然孩子这么说很容易让父母感到焦虑或者担忧，但是父母千万不要过度反应。一旦你带着情绪和孩子沟通，那结果一定不是你想要的。

（2）了解原因。

你在情绪稳定之后，再试着耐心地了解孩子不想上学的原因。

"孩子，你为什么不想上学了？"

要深入了解孩子不想上学的原因，有时候，孩子可能只是暂时感到厌倦或压力大,想休息一下,而不是真的不想上学了。

(3)探讨解决方案。

支持和鼓励孩子说出自己内心的想法之后,再与孩子一起探讨解决方案,比如:

"我们可以讨论一下,如何调整学习计划,减少一些你认为没有必要的课外活动或增加一些其他的兴趣爱好。我们也可以寻求学校老师或心理咨询师的帮助。"

跟孩子深度交谈

当孩子提出不想上学的想法，或者孩子已经一周甚至几周不愿上学时，通常是孩子在上学问题上遇到了困难。父母如果不能解决，可以寻求心理咨询师的帮助。

另外，需要注意的是：面对孩子容易激发我们的焦虑情绪的问题，我们要能快速地换位思考。孩子既然已经提出不想上学，那他一定有自己的原因，我们要做的就是接纳孩子的情绪，耐心地与孩子分析他遇到的问题，这样才能帮助孩子。

我的一个朋友曾向我分享过她的经历。当时，她的孩子读高三，在外地上学。有一天，孩子忽然给她打电话，带着哭腔说："妈妈，我好累，我不想上学了，我想回家！"我的朋友说："孩子，听得出你很累了，上学一定让你很难受，想回家休息。没关系，那你就回来吧，妈妈给你做好吃的。"孩子听到妈妈这句温暖的话，停顿了一会儿之后，又说："我还是再坚持一下吧！"

当孩子在外面承受着来自学业、社交的压力时，他们往往会感到身心疲惫，仿佛背负着沉重的包袱。在这样的时刻，家对于孩子来说，不仅仅是身体的避风港，更是他们心灵的归宿，是他们可以卸下一切负担、放松身心的地方。

家的温暖、家人的关爱，对于孩子来说，是无比宝贵的力量源泉。在身心俱疲时，孩子渴望得到家人的理解和支持，希望在家人的怀抱中找到安慰和力量。然而，如果此时父母只是用指责和批评来回应孩子,要求孩子必须坚强、不能脆弱,那么孩子内心的无助感和疲惫感只会加重。

　　父母的爱应该是孩子最坚实的后盾。当孩子面临困难时,父母应该给予他们足够的关爱和支持,让他们感受到家的温暖。只有当父母给予孩子充分的关爱时,孩子才能从中汲取勇气和力量,继续勇敢地面对生活中的挑战。

第四章
面对青春期敏感问题的话术

青春期是一个敏感的时期。在这一时期，孩子的身体和心理都在发生着巨大的变化。他们的性意识逐渐觉醒，开始意识到自己与他人的不同之处，也开始关注自己的身体和情感问题。但是，这一过程可能会给孩子带来一系列挑战或困惑。因此，教育者应该给予青春期的孩子足够的关注和引导，帮助其正确地看待自己的身体和情感问题，学会保护自己的隐私和尊严，并能够处理较为复杂的情感问题和人际关系，以及培养健康的生活方式和价值观。

孩子与异性过于亲密

青春期是人生中充满变化和探索的阶段，在此阶段，孩子有了对友谊和爱情的理解与追求。此时，许多青春期的孩子与异性的交往处于一种模糊而微妙的阶段，这种关系既像友情又似爱情，使得他们的情绪产生较大的波动。

对于父母来说，如何正确地引导处于这个阶段的孩子，是非常考验情商的。

有些父母看到孩子与异性朋友交往过频，就会很担心，害怕孩子过分投入感情，影响了学业，于是便会说："你和×××最近交往得很频繁，我看你们经常一起走，是不是谈恋爱了？"

父母这样唐突地提问，孩子基本上会直接否定，父母就没办

第四章　面对青春期敏感问题的话术

法继续往下说了。可能孩子还会多加一句："别疑神疑鬼的，好不好？"

而且这种话术可能会让孩子感到被误解，进而加深对父母的不信任感，更甚者，孩子可能会觉得自己的友情被无端质疑，感到被贬低和指责，从而与父母之间产生隔阂。

"你现在就应该专注于学习，不要想其他的。"这是父母经常对孩子说的一句话。

父母若看到孩子和异性同学依然走得很近，一着急，还很容易说出这样的话："你怎么可以这样？真是太让人失望了！"这样的话只会让孩子感到内疚和羞愧，伤害他们的自尊心。

有的父母还会直接威胁孩子："你不要再和他联系了，我不允许你和他偷偷见面。"这种话术可能会让孩子感到被限制、被控制，并且可能会引起他们强烈的反感和反抗，进而激起孩子的逆反情绪。

跟孩子深度交谈

以上这些错误的话术，父母在与孩子沟通时要避免使用。此外，父母在与孩子沟通时要保持冷静，在理解和尊重的基础上与孩子沟通，避免说过于情绪化或不适当的话。同时，建议父母关注孩子的情感和心理需求，鼓励他们勇敢地表达自己的感受和观点。

我们来看看下面这位父亲是如何处理的。

> 最近吃过晚饭之后，总有女生给我儿子打电话，说是有不会做的题目，想向我儿子请教。但是我有时候偷偷听，他们通常是先说作业的事情，后来就天马行空地聊起来了。这让我有些担心。毕竟孩子现在作业很多，如果花很长时间与人聊天，可能就要熬夜写作业了。另外，我也

担心他早恋,但是不让他们通话似乎又不太合适。

后来,我采取了这样的沟通方式。

"儿子,我发现最近晚饭之后,总有人和你打电话,这是怎么回事呢?"

"是我的同学,她有题目不会做,就问问我。"

"哦,那同学不会的题目,你如果会,可要多帮助同学!"

"是呀,所以我每次都给她讲嘛!"

"可是,儿子,如果你给人家讲了十分钟还没讲明白,一方面,说明你水平还不行,另一方面,你也耽误了对方的时间。不如让这个同学抓紧时间去请教别人。现在你们放学后的时间都挺紧张的,不能耽误彼此的时间啊!你说呢?"

"爸,您说得对,我还真没考虑到这些。"

"以后这个同学再打电话来,爸爸帮你看着时间,到了十分钟我就提醒你,你讲不明白就让这个同学问其他人吧,怎么样?"

"好的,爸爸,麻烦您了。"

之后的几天,我下班后及时回家,专门盯着这件事

> 情。那个女同学依然在放学后打电话过来，我就看着时间，一到十分钟，我就给儿子打手势。儿子为了不耽误她的时间，很快就挂断了电话。后来，那个同学渐渐地就不再打电话了。

这位父亲不动声色地就把问题解决了。他不问孩子打电话来的是男是女，也没有批评孩子和同学打电话浪费时间，而是在充分肯定了孩子的同时，还培养了孩子的责任心。

这样的"管教"，才是"智慧的管教"，否则，就容易成为过度干涉，导致亲子之间出现情感裂痕。如果孩子与异性朋友处于纯粹的友谊阶段，那么我们可以学习上面这位父亲的做法，就事论事，督促孩子以学业为重，不把简单的事情复杂化。

孩子有早恋倾向

孩子进入青春期,性意识开始觉醒。青春期的孩子的性需求主要表现为孩子在与异性交往中满足自己对异性的好奇心。正常的男女交往有利于相互了解,消除男女之间的神秘感,还有智力上互渗、情感上互慰、个性上互补和学习中互激的作用。善于与异性交往的青少年往往是开朗、活泼的,是心理不受压抑的。但如果与异性的关系处理不当,比如,过度沉迷于对异性的幻想或追求,可能会分散学习注意力,影响学业成绩;不恰当的交往方式,不仅可能对青少年带来身体上的伤害,还可能对青少年的心理造成深远影响,如情感困扰、自卑感、焦虑甚至抑郁等。

因此,对于青春期的孩子,教育者应当给予正确的引导和教

跟孩子深度交谈

育。比如，要正视孩子的性意识觉醒，以开放、包容的态度与孩子讨论相关话题，帮助他们建立正确的性观念和价值观；鼓励孩子参与健康的社交活动，与异性建立正常、友好的关系，通过相互学习和交流，促进个人成长和全面发展。

然而，有一部分父母会把孩子的早恋与道德进行捆绑，如果孩子对异性有了好感或者有一些亲密的行为，就会评价孩子"不学好"，甚至说孩子"不要脸"。

青春期的这种情感伤害往往会伴随孩子的一生，成为亲子关系间难以跨越的沟壑。

第四章　面对青春期敏感问题的话术

如果你的孩子有早恋的倾向，不要打击孩子，你应该表现得比别人更加理解和关心自家孩子，比如，更关注孩子的情绪，更愿意倾听他的烦心事，在生活上给予细心的照顾，在情感上给予支持，通过生活中的点点滴滴来满足孩子。如果孩子的情感在家里被填补得满满的，那就能大大降低他早恋的概率。

另外，与孩子坦诚地交流关于早恋的问题，是解决这一青春期困扰的关键一步。当家长以理解和非评判的态度与孩子展开对话时，孩子的防御心理和紧张感会大大降低。这样的氛围会促使孩子更愿意以开放的心态，理性地探讨早恋所带来的影响、挑战以及可能的后果。

在谈话中，家长可以分享自己或他人青春期的经历，以及这些经历如何塑造了个人的人生观和价值观。同时，也要倾听孩子的想法和感受，尊重他们的意见，避免简单地否定或批评。通过这样的互动，家长和孩子可以共同探索如何在青春期建立健康的情感关系，如何平衡学习、社交和情感需求。

要知道，与孩子交谈是为了引导孩子培养独立思考的能力，树立负责任的态度，而不是强加给他们一套固定的行为准则。这样，孩子才能够在面对早恋或其他青春期挑战时，做出更加成熟和理性的选择。

有一个很暖的例子，大家可以作为参考。

跟孩子深度交谈

妈妈发现上初三的儿子的微信头像换成了情侣一类的头像，就意识到孩子可能有早恋的倾向了。

于是，这位妈妈选择了在儿子心情比较好的时候和他进行一次深入的谈话。

第一步：谈理解。

"儿子，你有了喜欢的女孩，这是很正常的事情，因为你这个年龄的男孩大多会对异性产生好感。这个我非常理解，因为我们任何人都会对美好、努力而又上进的人心生向往。妈妈和爸爸也是从你这个年纪走过来的。而且，我还要恭喜你，因为我的儿子已经长大了。"

第二步：谈对方。

"孩子，我今天和你说这些，其实主要是为那个女生考虑。我们真心喜欢一个人，肯定想好好地保护她，希望她生活得开心、快乐，对吗？

"你肯定不希望她因为你而成绩下降，被老师和家长责骂，而变得不开心，对吗？所以，我们和女生交往的时候，如何建立正确的异性关系使两个人越来越好，是很重要的事情。"

第三步：谈责任。

第四章　面对青春期敏感问题的话术

"儿子，你已经长大了，妈妈希望你是个顶天立地的男子汉。你如果真的喜欢一个人，就要证明自己值得她喜欢。未来两个人在一起，需要你为她提供好的生活条件，而不是仅仅靠几句甜言蜜语、几个小礼物等来证明你的喜欢。我们只有先掌控好自己的人生，才有能力照顾好自己心爱的人，对吧？"

第四步：谈未来。

"真正的爱情不是占有和欲望，而是尊重、祝福和成长。有些像你这样的男孩子因为好奇心强，往往给女孩们带去了伤害。

"妈妈也明白，和自己喜欢的人在一起，会让我们很快乐。但是你知道吗？青春期正是我们为自己的人生打基础的阶段，分散注意力会影响你和他人的学习与成长。而且，你们现在还小，未来的路还很长，有很多不确定因素。

"妈妈更希望你们两个相互督促、努力学习，让彼此成为更棒的自己。"

这个妈妈没有粗暴地阻止孩子情感的需求，因为那样孩子很容易和家长对着干，事情可能会发展到不可控的地步。

跟孩子深度交谈

但是，有的孩子不会和父母坦白自己的事情，甚至会非常执着地投入，以至于严重影响自己的学业。在咨询工作中，我发现这种非常执着的孩子往往是因为情感匮乏才会向外寻找。因此，父母要多反思孩子在家庭中是否缺爱，这也是解决问题的一个关键之处。

如果对孩子劝说无效，父母也不用慌乱，保持冷静与理解的心态，认识到孩子正处于成长过程中的一个特殊阶段，情感的探索与表达是他们成长不可或缺的一部分。在这样的情境下，强制干预或粗暴的指责只会加剧孩子的逆反心理，使问题变得更加复杂。

那么，父母可以尝试使用以下策略来引导孩子走出情感的误区。

（1）建立信任关系。

通过日常交流、共同参与活动等方式，加深与孩子之间的情感联系，让孩子感受到家的温暖和支持。当孩子感受到父母是真心关心和理解自己时，他们更有可能敞开心扉分享自己的感受。

（2）倾听而非评判。

当孩子愿意谈论自己的经历或感受时，父母要耐心倾听，避免不了解情况就随意评判。让孩子知道，家永远是他们可以安全表达的地方。

（3）引导理性思考。

在情感稳定且时机适当时，父母可以温和地引导孩子思考情感与学业之间的平衡问题，以及长期发展目标的重要性。通过分享个人经验或成功案例，鼓励孩子树立健康的爱情观和人生观。

（4）提供正面榜样。

父母自身的言行举止对孩子有着深远的影响。展示健康、积极的异性关系以及生活态度，可以为孩子树立良好的榜样，帮助他们形成正确的价值观。

（5）寻求专业帮助。

如果孩子的情感问题已经严重影响到其日常生活和学习，且家庭内部的努力未能有效解决，父母应考虑寻求专业的心理咨询或辅导服务。专业人士能提供更具体、更有针对性的建议和支持。

（6）设定合理界限。

在尊重孩子个人选择的同时，父母也需设定合理的界限，确保孩子的行为不会对自身造成不可逆的伤害。例如，可以约定不影响学业的具体规则，并在必要时给予适当的监督。

我们应当以更为理智的态度来面对孩子的情感问题。在保护我们孩子的同时，也要尊重并保护对方，承担起我们作为家长应负的责任。我们也要善于利用这一机会，引导孩子从中学习，帮助他们变得更加成熟和理智。

孩子迷恋网络小说

嘉怡妈妈接到班主任的电话，班主任提到嘉怡近期在课堂上常显得心不在焉，频频打瞌睡，且考试成绩大幅下滑。嘉怡解释这是晚上学习得过晚导致的。班主任因此希望嘉怡妈妈多加关注，避免孩子因晚睡而影响睡眠及学业。

嘉怡妈妈不禁回想起近日某晚，她需要去嘉怡房间拿东西，敲门进去时，嘉怡拿着平板电脑靠在床头，还没有睡觉，她就提醒女儿睡前别看平板电脑了，早点睡。嘉怡说自己马上就睡，但还是拿着平板电脑一动不动。嘉怡妈妈也没有多想，拿了东西就出门了。

怀着一份担忧，嘉怡妈妈趁着女儿上学之际，打开了她的平

第四章　面对青春期敏感问题的话术

板电脑。从屏幕上的阅读记录可以看出，嘉怡沉浸在网络小说的世界中，小说的内容不乏少男少女的情感纠葛，而且有些内容并不健康，很容易对孩子产生不良影响。

眼看着离中考只剩几个月了，嘉怡妈妈深知，若任由这种情况继续下去，不仅女儿的身体健康会受到严重影响，还可能影响女儿的中考成绩。她心中不禁泛起一阵忧虑……

中国青少年研究中心曾做过调查，发现中小学生接触网络小说的现象非常普遍。如今，由于获取信息便利，加上周围成年人沉迷于电子设备的影响，不少孩子迷恋上了网络小说。

有的家长看到孩子看网络小说，直接没收手机或平板电脑等设备，甚至直接砸坏这些信息工具。但是，越禁止，孩子就越好奇，越是我行我素，甚至发展到和家长对着干的程度，使亲子关系逐渐紧张。

青春期的孩子对网络小说的迷恋，往往也折射出了家庭环境对他们的影响。当家庭生活单调乏味，家长过度关注孩子的学习成绩，而缺乏与孩子的情感交流时，孩子便容易感受到精神上的空虚和情感上的匮乏。这种对现实生活的失望感驱使他们转向网络小说的世界，寻找情感上的慰藉和共鸣。

此外，一些家长在面对孩子看网络小说的现象时，缺乏理解和耐心，往往采取简单粗暴的解决方式，这不仅无法解决问题，反而加剧了孩子的叛逆心理。孩子因此更加倾向于通过看网络小

跟孩子深度交谈

说这一途径来逃避现实，宣泄内心的情感与压力。

嘉怡的案例绝非个案，充分的理解和有效的沟通才能解决青春期的孩子迷恋网络小说的问题。

因此，嘉怡妈妈可以按照以下方式去解决这个问题。

（1）先理解和共情。

"我注意到你最近有些疲惫，是不是晚上熬夜看小说了呢？我知道你很喜欢看这些小说，因为我在你这个年龄阶段的时候也出现过这种情况。"

其实，很多人都有看网络小说的经历。父母可以从"妈妈青春年少时也爱看网络小说"的经历切入，说说那时候自己喜欢看的网络小说，讲讲那时候看网络小说的具体细节，比如：在周末，用一整天看完了某位作者的一部小说；看小说时也怕被家长发现，就偷偷躲在被窝里打着手电筒夜读；也可以和孩子谈谈曾经网络小说带给自己的启发，甚至可以向孩子分享一些曾经感动自己的句子等。

此外，父母可以和孩子谈谈迷恋网络小说产生的不良影响（严重影响了睡眠和健康）以及网络小说内容的局限性（对爱情抱有不切实际的期待，小说总是呈现出固定的模式和套路）。

"你是不是已经发现，最近因为看这些小说影响到了你的学习和生活呢？我希望能和你一起找到一个平衡点，既能满足你的兴趣爱好，又不影响你的学业和健康。"

当家长和孩子进入同一频道，孩子感觉到家长也和自己有同样的经历时，孩子就会放松下来，愿意和你进行深入的交谈。

有的家长在过往的自身经历中没有这样的体验，那可以说说身边朋友的类似故事。总之，目的就是让孩子知道：你能理解他。

(2) 努力成为孩子的读友。

"我们知道，你最近可能遇到了一些困难和压力，所以想要通过阅读一些小说来放松自己。如果你愿意的话，我们可以一起聊聊你读的这些小说，看看它们有没有帮助到你。当然，你遇到了任何压力和困惑，都可以和爸爸妈妈讲，我们会一直陪伴在你身边，支持你，鼓励你。"

父母说完自己的经历，就可以请孩子谈谈他和同龄人喜欢看的网络小说：小说中的哪些东西最能吸引他们？他最喜欢的作家是谁？最喜欢的作品是什么？为什么喜欢看这样的网络小说？是否也看到了网络小说的套路或其他问题？

如果孩子向我们敞开了他们的网络小说的世界，我们就要耐心地倾听，了解孩子到底读了什么，这样我们才能知道下一步该怎么样引导他。

(3) "引"选择，"导"品位。

"其实，除了网络小说，还有很多优秀的文学作品值得一读。这些书不仅有趣，还能让你在阅读中收获更多的知识和

跟孩子深度交谈

感悟。"

了解到孩子看网络小说的原因后，家长可以为孩子推荐一些适合他们年龄段的优秀文学作品，引导孩子拓宽阅读视野。这样既可以满足孩子的阅读需求，又能培养他们的文学素养和审美能力。

家长也要有信心，随着孩子知识量的不断积累，他们的眼界会不断拓宽，见识会逐渐增长，那时，他会自觉自愿地挑选更有品位的内容来阅读。

禁果不能尝

青春期的孩子的异性关系是微妙的,而且特别容易出现偏差,等大多数父母意识到时,自己的孩子可能已经情窦初开。此时,有些父母或者在心里暗暗着急,或者旁敲侧击地去劝阻,或者不由分说地去制止,但很少与孩子开诚布公地沟通,更不会为孩子提供指导。

青春期的孩子谈恋爱,父母最担心的有两点:一是担心孩子学习成绩下降;二是担心因为亲密接触产生性冲动,造成不良后果。

孩子谈恋爱会影响学习,这是家长很容易说出口的理由,但是担心孩子产生性冲动,以及会造成恶果,这往往是家长内心最焦虑，又不好言说的理由。关于性教育，父母往往不知道如何开口，所以要么是避而不谈，要么是蜻蜓点水，要么是上纲上线，很少有家长能与孩子正面交流这个问题。

其实，作为家长，我们与其被动防范，在私下里担心，不如早早就和孩子挑明，把预防针先打上。在打预防针前，我们需要先做一些铺垫。

我们需要肯定孩子的感情，而不是否定、阻挠，甚至侮辱。感情的发生是自然而然的事情，而人的情感又是复杂的，所以家长只能先去认可、承认它。

"有人喜欢你，妈妈很为你高兴，这说明你是一个有魅力的人，一定是你的某些品质、能力或者外表吸引了对方。你的周围，可能也有让你产生特别感觉的异性，让你心里总是会想着对方。如果你有这些感受，是很正常的。你们这个年龄阶段的孩子，感情都很单纯，是非常珍贵的。"

先这样表述，肯定孩子的感情，甚至表达对孩子的欣赏，在孩子的情感完全被接受之后，我们就要更深入地谈核心问题了。

可以用循序渐进的方式，如：

"男生女生在相互喜欢时，总想更接近对方，和对方有一些亲密接触……如果对方希望和你有一些亲密行为，你会同意还是拒绝呢？如果对方是个成熟的人，就不会在青春期这个难以为自己的行为负责的年龄段，要求亲密接触。因为一旦这样做，彼此都会受伤害。"

也可以用单刀直入的方式。有个妈妈在发觉儿子有恋爱迹象时就直接和他说:"孩子,你现在长大了,你知道你的身体已经允许你做父亲了吧?"

强调性的自然属性:向孩子解释性是生命的一部分,是正常的生理过程。强调它并不是羞耻或肮脏的事情,而是与健康和繁衍后代相关的重要方面。

不要觉得讲这种事比较难堪,当下的孩子获取信息的途径很广泛,与其让孩子自己盲目寻找,不如告诉他们科学的知识,杜绝伤害。

当父母发现孩子已经早恋,并且与恋爱对象交往密切时,就

跟孩子深度交谈

有必要和孩子谈谈青春期性行为的危害性了。

（1）过早的性行为可能会造成生殖器官损害及感染。

处于青春期的男孩和女孩，有的生殖器官尚未发育成熟，对性行为及其潜在后果的了解也相对有限。再加上他们缺乏必要的防护意识，过早的性行为很可能导致感染或受伤害的风险增加。

（2）过早的性行为可能严重影响心理健康。

青春期是一个生理和心理变化很大的阶段，也是个体逐渐建立自我身份、形成价值观和塑造性格的关键时期。在这个阶段，孩子过早地发生性行为可能会对他们的心理健康产生多方面的严重影响。

例如，过早的性行为可能导致青少年面临巨大的心理压力。他们可能对自己的身体变化感到困惑、不安或羞耻，这些情绪进而影响到他们的自尊心和自信心。同时，如果他们没有得到足够的支持和指导，这种压力还可能转化为焦虑、抑郁等心理问题。

此外，缺乏成熟的情感基础和认知能力的青春期的孩子在性关系中可能更容易受到伤害。他们可能难以理解和处理复杂的情感纠葛，出现情感上的困扰和创伤。长期下来，这可能对他们的情感健康和人际关系的和谐发展造成不利影响。

（3）过早的性行为会影响学习和生活。

青春期正是一个人增长智慧的紧要时期，过早的性行为往往伴随着情感纠葛、心理波动以及生理困扰，这些都会分散孩子的注意力，降低学习效率。一旦孩子因为情感问题而分心，必将无法全身心地投入学习，导致学习成绩下滑，甚至可能影响未来的升学。

一个人的成长，必然要经过青春期的情感考验，待到合适的时机再去收获爱情的果实。这就如同破茧成蝶，是自然规律。

在孩子了解到禁果不能尝这件事之后，父母还可以通过多种方式向青春期的孩子普及必要的性知识，让他们真正了解性，从而更好地面对性。

例如：父母可以购买一些适合青春期的孩子阅读的性教育图书或视频资料，与孩子一起观看和学习；也可以利用家庭聚餐或周末活动等机会，与孩子进行轻松愉快的交流，引导他们正确地

跟孩子深度交谈

看待性和爱情。此外，父母还可以利用网络资源，寻找专业的性教育机构或心理咨询师进行咨询和指导。

在与孩子沟通性的过程中，父母要多关注这几个方面：一是生理知识的传授，包括男女生殖器官的结构和功能、青春期生理变化等；二是心理健康的引导，帮助孩子建立正确的性别观念、爱情观和婚姻观；三是自我保护的教育，让孩子了解性侵犯的危害和防范措施；四是法律、道德准则的普及，让孩子明白在性行为中需要遵守的法律规定和道德准则。

父母需要明白，性教育是一个长期的过程，需要持续不断地进行。青春期只是孩子成长的一个阶段，父母需要在这个阶段为孩子打下坚实的基础，让他们在未来的生活中能够健康、自信地面对各种挑战。

第五章
掌握亲子沟通话术的内在逻辑

有些父母非常希望在面对孩子的具体问题时能有一套正确的"话术",自己只要照搬,就可以解决棘手的亲子问题。这是不现实的。因为在现实生活中,每个人遇到的具体问题都是不一样的,而且在沟通的过程中,沟通者的变化也不是我们能控制的。因此,只是浅浅地学习一些沟通话术是无效的,如果不去了解沟通的内在逻辑,父母就无法在真实的生活中灵活应用沟通方法,也就无法与孩子进行深度的交流。

是这些原因让你和孩子总是无效对话

你如果总是对与孩子的沟通结果不满意,那就应该复盘一下是不是在沟通过程中出现了什么问题。

常见的不良的亲子沟通方式有以下几种,你可以看看自己是否踩了下面这些坑。

(1)唠叨。

"哎呀,又玩手机了!整天抱着手机,眼睛不要了吗?快点把手机放下,去复习一下功课。"

"你学习就不能再认真点儿吗?把心思都放在学习上,别总想着玩,可以吗?你这种学习态度,怎么可能学得好?现在不认真学习,将来怎么办?"

第五章　掌握亲子沟通话术的内在逻辑

"你看你又只吃了这么一点儿饭，能吃饱吗？营养能跟得上吗？长身体的时候饭量这么小，身体变差了怎么办？"

"你都这么胖了，不能再这样吃下去了……"

"坐直！坐直！我都提醒你多少次了，还是不听！"

父母唠叨的内容多数是带有指责和批评意味的，尽管这些话听上去都是为了孩子好，但结果却是孩子听了之后会情绪低落，对父母的唠叨产生厌烦感。比如：一些父母可能会过分关注孩子的行为和表现，在一些细枝末节上过度干涉，从而导致孩子产生压抑感，感到自己的自主权被剥夺。

跟孩子深度交谈

父母唠叨主要表现为在一些事情上反复叮嘱,比如学习、安全、健康等方面。这是因为父母感觉这些事情是重要的,所以反复强调。但是一件事情如果被强调得过多、过细,就会引发人的"超限逆反",即父母说的内容再正确,孩子也会对此免疫并且产生对抗心理。

因此,父母在与孩子沟通时,应该言简意赅,避免唠叨,从而让孩子能够快速理解要点。

(2)比较。

为了激励孩子变得更好,很多父母经常使用的沟通方式就是"与别人家的孩子对比"。因此,别人家的孩子就是自己家孩子的噩梦。

> "你看看××,和你一起长大,人家门门功课都是优秀,你看看你!"
>
> "你怎么就不能像××那样让人省心呢?"
>
> "你看电视剧里的这个孩子多有礼貌,你怎么就做不到呢?"
>
> "别人怎么就不……怎么只有你这样……"

第五章　掌握亲子沟通话术的内在逻辑

　　有些父母不仅拿自家孩子与亲戚、邻居、同学家的孩子做对比，可能看电影或电视剧时也要对比一番，有时候还将孩子现在的情况与孩子小时候的情况做对比。不论什么形式的对比，最终都会打击孩子的自尊心和自信心，让孩子产生不良的自我评价，比如"我不够好""我不如别的孩子好""我不如过去的自己好"等。

　　父母总是拿自家孩子与别人家的孩子做比较，可能会让孩子对父母产生反感，导致孩子变得更加叛逆。孩子往往会说："您觉得别人家的孩子好，那您做人家爸妈去！"

跟孩子深度交谈

如果以别人为标准对自己进行评价，必然会引发自身的无力感。父母总拿自己家的孩子与别人家的做比较，很容易让孩子过度关注他人的评价，而忽略自己的内在成长，从而影响孩子潜力的发挥。

因此，父母应该尽可能避免使用与别人家孩子做比较的方式来激励自己的孩子，而是应该关注孩子的进步和成长，给予孩子鼓励和支持。

父母也可以引导孩子进行自我评价，让孩子把注意力放在自己的成长和进步方面，不要过度关注他人的评价。

（3）否定。

有时候，父母为了强调某件事情的重要性，而使用了错误的方式，比如"否定"。

"你总是不认真写作业，整天三心二意的！"

"你总是这副吊儿郎当的样子！如果你不改正这个习惯，将来谁会看得起你？"

"这么简单的事情都办不好，你还能做点儿啥？"

每一个孩子，只有从父母那里得到了鼓励与肯定，才会变得自信，才会无惧外面的风风雨雨，才会真正地自立自强，活出真我。但是，如果父母不断地否定孩子，孩子就不能很好地确认自我的价值。

由于孩子从小和父母生活在一起，父母对孩子的评价就会变成孩子对自己的评价。如果父母总是倾向于否定和指责性的评价，那孩子对自我的认知就难免片面，这最终会成为孩子成长的障碍和阻力。

当孩子自己都觉得自己是个失败的人、糟糕的人，本该去面对的挑战，他会因为不自信而放弃；本该去战胜的困难，他会因为胆怯而退缩……于是，片面的自我认知就变成了一种束缚，限制了孩子更积极的行为。

有的父母担心表扬多了孩子会骄傲，即使孩子有了很好的表现，他们也不愿夸奖。

比如，孩子考了全班第一名，兴冲冲地回家告诉父母这个消息。父母却没有表现出一丝喜悦之意，反而说："就算考了第一名，但也不是满分，你还好意思这么开心，错了好几道题，本来都是不应该丢分的！"

如果孩子真的考了满分回来，他们又说："这次是你幸运而已，你可不一定每次都这么幸运！"

跟孩子深度交谈

缺乏主见的孩子

父母这样的回应会让孩子觉得无论自己如何努力，都达不到父母的要求，从而觉得自己很无能、毫无价值，心里会酝酿起愤怒和对抗的情绪。

（4）胁迫。

有的父母之所以还对青春期的孩子使用胁迫这种沟通方式，是因为在孩子小的时候，用这种方法既简单又高效。

"你再哭，我就不喜欢你了！"

"我数三个数，马上给我起来！1——2——3！"

可是当孩子到了青春期时，过去父母用的这些话术早已经被

第五章 掌握亲子沟通话术的内在逻辑

孩子看穿了，他们已经不再相信父母的这些话了。

如果孩子对父母的信任越来越少，父母对孩子的教育作用就会越来越弱：父母说的话、做的事会越来越难影响到孩子；父母讲道理，孩子越来越不爱听；生活中发生的事情，孩子越来越不愿意和父母分享……

胁迫是父母教育失控的表现，这表明父母已经不知道用什么方式去对待孩子了。

父母想要孩子妥协，而孩子需要的是自己做主，这就引发了亲子之间的矛盾，这场所谓斗争，无论哪一方看似占上风，最终都会对亲子关系造成伤害。如果父母收回对抗的手，孩子对抗的力也就无处使，孩子反而会重新调整自己的行为。

以上列举的只是常见的不良的沟通方式，当然还有其他情况。需要父母注意的是：在亲子沟通的过程中，只要沟通结果不佳，我们就需要思考一下是不是自己使用的沟通方式有问题。父母多这样反思几次，也许就能发现问题的关键所在，继而改进。

提升能量层级后再去沟通

我们知道，不良的沟通方式会让亲子间的矛盾升级，导致亲子关系更糟糕。这就不得不让我们思考：为什么父母会用这种糟糕的方式与孩子沟通呢？

这就需要我们关注到能量层级。

能量层级是由美国著名心理学家、精神医学博士大卫·霍金斯通过二十年的临床实验及研究发现的。他发现人类各种不同的意识层次都有其相应的能量指数。他将这些能量指数大致划分了十七级，分为正能量层级和负能量层级两类。这就是"霍金斯能量层级"。

能量层级决定了一个人的情绪、心理、精神状态，人的心理活动又影响了人的能量层级，它们相互影响，但起主导作用的还是能量层级。

如果父母的能量层级比较低，长期处于恐惧、忧虑、忧伤、愤怒、傲慢、贪婪等负面状态，又怎么可能会对孩子产生良好的影响呢？

我们来看看下面这个经典的"踢猫效应"的故事。

> 一个中年男人在公司遭到老板的斥责，回家后便把玩耍的孩子责骂了一顿。孩子觉得委屈、生气，踢了身边的猫咪。猫咪受到惊吓，逃窜到街上，此时突然开过来一辆卡车，司机急忙避让，却撞伤了路人。
>
> "踢猫效应"是指人们对比自己弱小或者地位低于自己的对象发泄不满情绪而产生的一种基于不良情绪传染所导致的恶性循环。人们的不满情绪和糟糕心情会沿着由不同等级和强弱组成的社会关系链条依次传递，从金字塔尖端扩散至底部，形成连锁反应。

当能量层级较低、充满负能量的父母与孩子沟通时，父母就像一个病毒携带者，会把病毒传染给与自己最亲近的人，而孩子在家庭的关系中又处于弱势地位，被感染的概率就更大。

比如，父母经常为孩子的成长感到担心和恐惧，担心孩子考

跟孩子深度交谈

不上好高中、考不上好大学、养成不良习惯……这些恐惧会弥漫到孩子的生活中,让孩子失去快乐,继而给孩子造成巨大的压迫感。

如果你在过往成长过程中,总是受到父母的指责和攻击,那么你也很容易把类似的指责和攻击沿着代际链条无意识地传递给自己的孩子。

也就是说,当孩子的行为有一些瑕疵时,父母就会复制当初自己的父母对待自己的方式与孩子沟通。因为当初你父母对你的攻击,已经变成了你内在的一部分,所以,当你看到自己的孩子不符合自己的期望时,你便控制不住地对孩子进行惯性攻击。

所以,身为父母,你要反思一下:我是否把孩子当成独立的个体去尊重了？我自身的能量层级如何？我是不是能保持平和、淡定、主动、宽容、明智、快乐的状态？

如果你处于负能量状态，你说出来的话即使非常正确，也难免让孩子心生反感。如果你自己是个能量的黑洞，不要说给孩子能量，你很可能还要从孩子那里攫取能量。

比如，有的父母希望孩子实现自己没有实现的理想，孩子原本喜欢跳舞，但现在为了完成父母的钢琴家梦想被逼着去练钢琴。

有的父母会用自我牺牲的方式要求孩子回报，很多打着"爱"的名义的行为，其实都是父母对孩子的伤害："我不重要，我怎么样都没关系，你最重要。"

当你以孩子为重时，你就会对孩子有更多的期待。尤其是一些全职父母，把全部精力都放在孩子身上，孩子的行为一旦没有达到自己的期待，就会说："我把一切都牺牲掉了，就是为了培养好你，你竟然做成这样，你太让我失望了……"这些失望和愤怒最终会成为孩子的不可承受之重。

一些对孩子的掌控欲过强的父母，更应该先疗愈好自己。父母只有自己是丰富生动的、充满能量的，才能给予孩子正能量。

那么，作为父母的我们该如何疗愈自己呢？以下是一些建议。

首先，要正视并接受自己的情感与需求。父母需要学会区分

跟孩子深度交谈

哪些是自己的期待，哪些是真正适合孩子的成长路径。通过自我反思、心理咨询或参与成长课程，你就可以逐渐认识到，每个孩子都是独一无二的个体，拥有自己的节奏和潜力。

其次，培养个人的兴趣爱好、保持积极的生活态度。无论是阅读、旅行、运动还是艺术创作，都能为父母注入新的活力。当父母的生活变得丰富多彩后，就能以更加开放和包容的心态去理解和支持孩子，并在面对孩子的教育问题时更加从容不迫，充满正能量。

最后，建立良好的沟通机制。在与孩子对话时，父母应避免单方面地发号施令。也就是说，父母应学会尊重孩子，平等地对待孩子，通过鼓励来引导孩子表达自我，倾听他们的想法和感受，从而更好地理解孩子的需求，为其提供更加有效的支持和引导。

当父母实现了自我疗愈，他们将以更加健康、成熟的状态陪伴孩子成长。这样的父母，不仅能够给予孩子无条件的爱与支持，还能成为他们成长道路上的良师益友，共同探索生命的无限可能。在这样的家庭环境中，孩子将更有机会发展出健全的人格、强大的内心和独立的思考能力，为未来的生活奠定坚实的基础。

改变沟通站位，把主场还给孩子

亲子沟通障碍的核心问题在于：父母未能清晰地知道自己与孩子是两个独立的个体；搞不清自己的事是自己的，孩子的事是孩子的。

缺乏边界意识的父母，总是不自主地过分入侵到孩子的"领地"去当领导，使得孩子为了守卫"主权"而强烈反抗。

很多父母都非常希望孩子不要踩自己曾经踩过的"坑"，都不忍心让孩子经历自己曾经经历过的苦难，也都非常希望把自己总结过的人生经验传授给孩子，让孩子少走弯路。因此，这些父母经常站在"智者""过来人"的角度给孩子提建议，并且干涉孩子的决定。

跟孩子深度交谈

在孩子小的时候，父母会为一件小事而劝孩子听自己的。比如：

> 孩子："我喜欢这件衣服，妈妈您给我买吧！"
>
> 妈妈："孩子，这件衣服版型太普通了，不好看，我们买旁边的那件吧！"
>
> 孩子："我就喜欢这件！"
>
> 妈妈："听话，妈妈可是为你考虑！"
>
> 孩子长大后，父母会在孩子选择报考专业的问题上和孩子起争执，父母觉得自己了解到的信息更多，做出的选择更有利于孩子。
>
> 孩子："我要报考艺术专业！"
>
> 父母："艺术专业？将来就业很难的。听话，去学财会，学好了，生活有保障，还越老越吃香！"
>
> 孩子："我不喜欢财会，我就喜欢艺术啊！"
>
> 父母："你懂什么？我活这么大岁数了，不知道什么对你好吗？"

曾经有一位来访者因为婚姻问题来做咨询。她和她丈夫的相处模式是：当她的意见和丈夫的不一致时，她丈夫会极力坚持自己的看法是正确的。如果她不依从，他就会大发雷霆，这让她很

第五章　掌握亲子沟通话术的内在逻辑

害怕，似乎不依从丈夫就会没完没了。于是，每次遇到这样的情况，她都忍气吞声，压抑自己。

在了解了她丈夫的成长经历之后，我发现她丈夫在成长过程中深受父母的控制，就连大学专业都是父母替他选择的，结果大学读的不是他喜欢的专业，毕业后也找不到合适的工作，最后没办法又到父母的公司去上班。

他太过压抑自我，于是在和妻子相处时开始反弹，固执己见，觉得妥协就是放弃自我，因此无法平等地看待妻子的需求。过去没得到的，现在会在另一种亲密关系里疯狂地弥补。所以他会说："你听我的，就是爱我；如果你不听我的，要我听你的，就是控制我，不爱我！"

跟孩子深度交谈

还有一位来访者是一个五十多岁的男人，因为妻子要和他离婚，他不知道怎么挽回而前来咨询。了解清楚原因后，我发现他不仅在婚姻关系里非常被动，在公司里也同样被动。他没有任何主动的想法，都是别人让他干什么他就去干什么，没有指令，他就原地不动。任何事情，他能不做就不做，实在没办法了才去做。

他与妻子长期处于不和谐的状态中，但是，不到妻子写好离婚协议让他签字的时候，他就想不起来去改善夫妻关系。

我感到他内心没有任何主动性，别人推一下，他才动一下，没人推，他就不动。

后来，他和我讲到他的原生家庭，我才明白他为何会这样。他的母亲是公司的领导，不仅在公司里说一不二，在家里也扮演着主导者的角色。从小到大，他的一切事情都是母亲安排好的。他和母亲"关系要好"，也令婆媳矛盾一度成为他婚姻中的难题。因为妻子希望他听自己的，当妻子的想法和母亲的想法不一致时，他就陷入了痛苦的两难状态。

由此我们可以看到，如果父母尊重孩子的主动思维，不侵犯孩子的自主空间，多尊重孩子的决定，那孩子就有"做自己"的机会。当孩子在自己的人生道路上，一路磕磕绊绊走下来时，他虽然经历了挫败和痛苦，但同时也会获得"做自己"的成就感。

如果父母在孩子做选择的时候，总是拿着"不听老人言，吃亏在眼前"的话来恐吓孩子，替孩子做决定，那么，孩子的自我意识就得不到发展，最终孩子的未来会受到影响。

例如，孩子进入青春期后，对边界问题就会变得很敏感，倾向于自己的领地自己做主，不会在意自己是否吃亏，是否后悔，能按照自己的意愿做决定是最重要的事情。如果父母过度干预，孩子会觉得自己的领地受到侵犯，必然会奋起反抗。

当然，也会有我上面案例中提到的那种人：由于从小被安排习惯了，萌发的自我意识已经消失了，成年后，依然会听从父母的安排，表现得很"听话"、很"顺从"，对父母很"孝顺"，自我意识已经坍塌，必须有一个"主人"来领导自己，自己才知道怎么去生活。这是更可怕的事情。

因此，在孩子的成长过程中，父母必须学会适时放手，让孩子成为自己的主人，我们只做孩子的"军师"。孩子需要我们出主意时，我们就发表一些意见；不需要我们的看法时，我们就专注于自己的生活。我们只要保持欣赏和鼓励，默默地祝福孩子成为自己人生主场的英雄就可以了。

和孩子结盟，一起解决问题

在孩子的成长道路上，他们会遇到很多很多的问题，对此，父母的站队很重要：你是站在孩子这边，和孩子一起解决问题呢，还是和问题站在一起打败孩子呢？

如果这么提问，父母当然会说："那肯定是和孩子站在一起呀！"

可是，真有事情发生时，有些父母可能就没这么理智了。

比如，孩子和同学打架了，孩子说是同学先惹了自己，自己才动手的。有的父母这时候可能会对孩子说："班里那么多同学，他怎么没惹别人，偏偏就惹你呢？"言外之意就是："你有毛病，有问题，还不知道自我检讨！"

第五章 掌握亲子沟通话术的内在逻辑

当父母这么说时，孩子就会觉得父母是站在别人的角度，和别人一起来针对自己了。

父母的本意肯定不是与自己的孩子为敌，而是想让孩子多反思一下自己的问题，但是由于言语不当，伤害了孩子。这种伤害，会让孩子失去家庭的归属感，感觉没人理解自己，没人站在自己的角度为自己说话，父母"胳膊肘往外拐"，从而就不愿意再与父母沟通，自己的委屈也绝不再和父母诉说，因为他知道，父母非但不会安慰自己，还会往自己的伤口上撒盐。

跟孩子深度交谈

有一名初中生,他平时学习成绩非常好,每次考试基本上都是班里的第一名,老师们都很喜欢他。他自己很想当班长。但是竞选班长时,他却落选了,同学们选的是一个学习成绩很一般的同学。他对这件事十分困惑,觉得不公平,生气地回到家里,一直闷闷不乐。父母知道了落选这件事情后,把孩子拉到沙发上坐好。

妈妈说:"没选上就没选上,当班长有什么好的,又操心,又耽误学习!"

爸爸说:"同学们没有选你,那肯定是有原因的。顺其自然好了!"

这个孩子一听父母这么说,非常烦躁:"哎呀,你们烦死了!"然后,快步走到自己的房间,"嘭"地关上了房门。

父母原本是想安慰孩子,让他放下这件事情,结果自己的用心并没有得到正面的回应,爸爸气得来到孩子的房门前,大声吼道:"你这是什么态度?如此不尊重父母,就凭你这样的德行,我要是你同学,也不选你当班长!"

这句话激起了孩子更大的火气,他打开房门,冲到客厅里举起一个花瓶就砸碎了。于是,父子之间发生了激烈的冲突。

第五章　掌握亲子沟通话术的内在逻辑

面对类似的情况,父母到底该如何与孩子沟通呢?

(1) 需要与孩子共情。

"我知道你为了当班长努力了很久,却没被选上,这个结果确实很令人失望、挫败和困惑。"

当孩子还处于负面情绪中时,他是缺乏理性思考能力的。这时候如果父母上来就讲大道理,孩子是无法听进去的,反而会激起孩子更大的负面情绪。

所以,父母要在第一时间关注孩子的感受、理解孩子的情绪。当孩子的情绪被理解、被看到时,他们才能慢慢平静下来。

跟孩子深度交谈

（2）要理解和接纳孩子产生情绪的逻辑。

情绪往往源自大脑的思维活动，这些思维活动本身是一个逻辑构建的过程。父母应该理解和接纳这一逻辑构建的过程，而不是简单地否定情绪本身。比如：

"你觉得自己成绩一直很优异，老师也很喜欢你，所以当班长势在必得。你不能理解的是，为什么那个同学学习成绩一般，同学们却都选了他，没有选你。是这样吧？"

父母这样说就是接纳孩子产生情绪的原因，没有评论他是对还是错，也没有说班级里同学的做法是对还是错。需要强调的是：我们需要理解和接纳的是孩子产生情绪的原因，而不是评论这件事情中的对和错。

当你把孩子产生情绪的原因梳理清晰，并且帮助他表达出来时，孩子会觉得你非常理解他，心情就会好很多，你就可以进入孩子的内心世界。这时候，你才有机会与孩子一起面对、解决这个问题。

（3）启发孩子。

引导孩子思考在这件事情上自己还有没有可以做得更好的地方，让他总结经验教训，以便以后遇到类似的事情时，可以做得更好。同时也要引导他去理解别人，降低以后遇到类似的事情时产生负面情绪的概率。

"你知道吗？虽然这次班长竞选你没有被选上，但你付出的努力都不会白费，它们会成为你以后竞选班委的经验，让你更有勇气面对未来的班委竞选。所以，你现在可以想想你从这次经历中学到了什么，下一次班委竞选时，你会如何准备。"

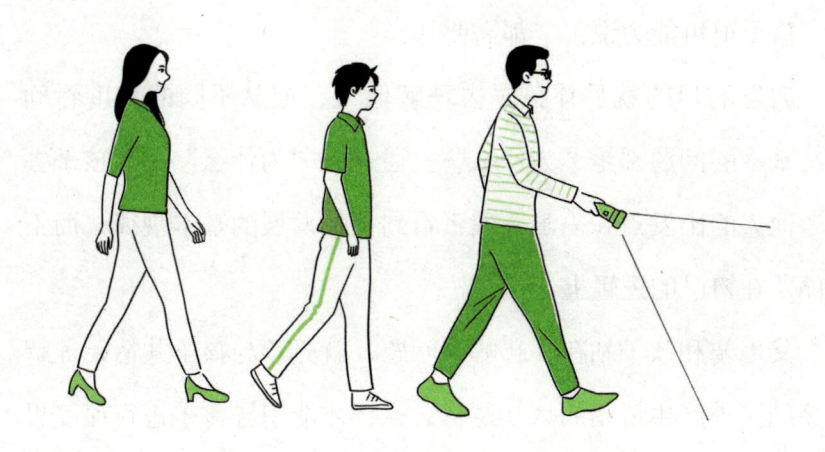

在启发孩子时，我们要尽量用提问的方式，这样可以让孩子更好地进行思考，而不要直接把自己的想法、建议给孩子。孩子自己思考出来的，才是属于孩子自己的。在此处，父母千万不要替代孩子。

比如，这个时候可以问孩子："你学习成绩很好，但是大家为什么没有选你呢？"

孩子处理好了情绪，可以深入思考了，这时候才有能力进行反思。

"可能我只是学习成绩好，精力都用在学习上了。平时跟大家并不怎么交流，人际关系没处理好。那个同学平时在班里的人

跟孩子深度交谈

缘确实非常好。"

这时候父母可以继续启发孩子:"你觉得当班长是需要成绩好,还是需要人际关系好?"

孩子很可能会说:"都需要吧!"

启发的目的就是让孩子去理解他人,或从不同的角度看问题。基本的问题都是"为什么"。通过问"为什么",让孩子去思考他人的出发点和需求,或者看到事物发展的基本规律,而不是停留在自己的逻辑上。

父母要和孩子站在一起解决问题,就必须与孩子共情,理解和接纳孩子产生情绪的认知逻辑,这样才能引导孩子进行深度思考,让其走出自己的认知圈,及时解决问题。

看见彼此，成就双赢沟通

有时候，亲子沟通不畅，主要有以下原因。

一是父母总是停留在孩子的行为层面，没有去深入了解行为背后深层的个人世界。

这个深层的个人世界里包含"感受""观点"和"期待"，其实这些是我们在沟通时需要进一步看到和了解的东西。

比如，父母看到孩子整晚在玩手机，看到这个行为就开始发火，对孩子进行指责，希望孩子赶紧放下手机去睡觉。如果孩子出现逆反情绪，父母可能还会冲过去抢夺孩子的手机。

孩子沉迷于玩手机这个行为的背后，其内心感受是什么呢？也许是他感觉无聊，想打发一下时间；也许是他感觉孤独，希望

跟孩子深度交谈

从网络上寻找社交群体，认识一些朋友；也许是感觉学习有压力，想通过听歌曲或者看综艺节目放松一下……

如果父母不了解孩子内心的真实感受，单凭一个表面的行为就评价、打压和控制孩子，往往不会有什么好结果。

二是父母与孩子的观点不同。

其实，当孩子愿意和我们交流对某一件事情的看法时，说明孩子愿意将内在更深层次的世界袒露给我们，这时亲子关系很容易被拉近。但是，很多父母往往在表达观点的时候，把很好的沟通路径给堵死了。比如：

"你不用想这么多没有用的事情，把心思好好放在学习上就可以了！"

第五章　掌握亲子沟通话术的内在逻辑

"你这个想法也太幼稚了，根本不可能实现。你要听我的话，咱们应该……去做这件事情。"

"你的想法太片面了！那如果是……这种情况，你该怎么办呢？"

不允许孩子有自己的想法，或者对孩子的想法进行批判和抨击，会使孩子不再愿意和我们进行深度交流。

三是父母的期待过高。

我们先来看一个例子。

> "看看你的房间，乱得像个猪窝一样。我昨天刚给你收拾好，现在又这么乱！你就不能收拾收拾吗?！"
>
> "你现在翅膀硬了！除了生活费，其他的都用不着我们了，嫌我们碍事了，是吧？"
>
> "我都忙成这样了，你就不能过来搭把手吗？"
>
> "见到客人，你就不能礼貌地站起来打个招呼吗？为什么每次都要我提醒你呢？"

这样的表达很容易得到孩子如此的回应：

> "我的房间想怎么样就怎么样，谁让您收拾了？您都把我的东西给收拾没了，我还没说您呢！"

跟孩子深度交谈

> "真烦,和你们没法沟通,不说了!"
> "让我干吗?有话直说!"
> "我就是没礼貌了,以后来客人我就直接在房间里不出来了,省得给你们丢脸!"

其实,父母说孩子的房间乱的问题时,真实的想法是"我希望你能把各处的衣服整理好";父母在表达孩子对自己的嫌弃、失望和愤怒时,真实的想法是"我希望你还能对我有其他的需要,我希望我是一个除了给生活费,在其他方面也有用的父母";父母责怪孩子在自己忙的时候不来帮忙时,真实的想法是"我很希望在我忙的时候,你能帮我择菜、洗菜,摆一下碗筷";父母责怪孩子没有礼貌,真实的想法是"我希望你看到家里来客人时站起来主动问好"。

当我们把自己内心真实的想法表达出来时,孩子才知道具体该怎么去爱你、回应你。

当然,即使你明确表达了自己的需求,孩子也可能不会满足你,这样的话我们可以进一步沟通,了解孩子的想法、感受和需求到底哪里和我们想的不一样。在深度了解的基础上,双方才能达成一致。

第五章　掌握亲子沟通话术的内在逻辑

我们尊重孩子，就要允许他有和我们不一样的感受、想法和需求。

孩子日后与他人如何沟通，就是在这样一次次与父母的对话中学会的。父母如果无法在沟通中很好地表达自己的感受、想法和需求，只会肆意地发泄情绪——生气的时候摔东西，难过的时候疯狂购物，感到无助时只会怨天尤人，那样不仅不会让自己好起来，还无法有效沟通，难以解决问题，甚至让孩子被这种无效的沟通方式影响。

如果父母能很好地表达自己的感受、想法和需求，不仅有利于达到沟通目的，还能给孩子一个正确的沟通示范，从而让孩子学会用不委屈自己也不伤害别人的方式来清晰地表达自己的想法。

如此，也会让孩子学会表达他们的内心世界，这样，我们和孩子都能更加清晰地看到彼此，从而能做到真正的双赢沟通。

营造"亲子小时光",进行深度情感交流

有些家长说:

"孩子放学回来,就钻进自己的房间,锁上门,不理我们。"

"吃饭的时候,全家人终于能坐在一起,孩子却默不作声,我们问一句,他答一句,回答的内容要么是'还行',要么是'差不多',没有什么可以展开的内容。他也不愿意主动和我们说话,一天到晚能说的话就那么三四句。这可怎么办?"

在一次心理课上,有个上初中的女生对我说:"跟父母说话感觉特别没劲,整天除了学习就是学习,就好像我们是只会学习的机器人!"

还有个学生说:"我爸妈每天在我放学后基本就那几句话——'作业写完了吗?''该洗漱了!''该睡觉了!'除了这些就没有别的了。"

不论是父母,还是孩子,都会有和对方没话可说的时候。

有些父母说:"虽然我们可以理解青春期的孩子需要独立,也能理解这个阶段孩子关注的东西我们需要多用心关注,但是,我们确实时间有限,并且孩子喜欢的东西,我们真的很难提起兴趣来。"

那有没有可以与青春期的孩子高效且有深度地沟通的方式呢?这里介绍一种方法,可以满足父母的这个需求。

父母需要在家庭生活中刻意创造一个特殊的时刻,我们可以叫它"亲子小时光"。在这个特殊的时刻里,父母要放下工作,全心地和孩子在一起。

和孩子在一起做什么呢?每个家庭的情况不同,孩子和父母的性格和爱好也不一样。比如:有的家庭一起看电视,一起做饭;有的家庭一起举办读书会,一起旅游;也有的家庭一起玩桌游,一起讨论一些有深度的话题。

跟孩子深度交谈

关于"亲子小时光",父母需要注意以下几点。

(1)设定固定的家庭日时间。

对于家庭的情感生活,父母需要刻意经营。因此,"亲子小时光"不是随机发生的,而是有意为之的。我们可以每晚安排半个小时来共同读一本书,读完后进行讨论;也可以每周选一天外出享受晚餐;或者在固定时间全家一起看电影。让"亲子小时光"的时间相对稳定和有规律,便于营造和谐稳定的家庭氛围感。

(2)紧紧围绕"爱"进行。

我们一定要清楚"亲子小时光"的目的只是和家人一起享受这段美好的时刻,而不要在这段时间内对孩子进行说教,或者点评孩子的行为。尽量避免这样的不良沟通，大家要在一个平等的、相互尊重的氛围里活动。比如，全家一起举办读书会，此刻家庭成员之间的关系可以转换为同学关系，在讨论、分享时，父母只需表达自己的感受和想法，千万不要对孩子的表达进行评价。如果孩子不愿意参加讨论，父母也不要勉强。一定要"去父母化"，孩子只有单纯地享受这个活动本身，才能在这样的活动中感到轻松自在。

（3）不同的孩子有不同的专属时刻。

如果家里不止一个孩子，那尽量为每个孩子都创造一个专属于他的"亲子小时光"。比如一周一次，或者半个月一次，父母只是单纯地和家里某个孩子待在一起，去做一些这个孩子比较喜欢的事情。每个孩子都希望得到父母的爱，如果父母善于调节时间，会令每个孩子都能感到自己在父母心中是独一无二的。

（4）"亲子小时光"禁忌。

如果我们一边陪伴孩子，一边处理工作，或者一边陪伴孩子，一边拿着手机看视频，那么这个家庭活动就失去了意义。这个活动需要全家人全身心地投入，父母要将注意力集中在孩子身上。有时候孩子有可能走神，如果父母不以身作则、积极参与，这种活动可能会变得松散且缺乏凝聚力，难以达到预期的效果。

"亲子小时光"对孩子成长的意义是深远的。在欢乐的家庭氛围中，那些视觉、听觉、味觉、触觉、嗅觉的深刻体验会留在

跟孩子深度交谈

记忆深处，成为孩子面对孤独或挫败时的精神营养和内心支撑。

比如，让我印象深刻的是小时候冬天睡前，我的母亲会给家里的每一个人发一个水果或者一些小零食。在物资匮乏的时代，那是一天中最令人期盼的时刻，是我与父母的"亲子小时光"。我至今还记得我躺在温暖的被窝里第一次吃到沙琪玛这种甜品时的幸福感受，那种给味蕾带来的香甜悠长的冲击感，令我怀念至今。日后再吃沙琪玛，却没有了第一次吃的感受，但是，只要我看到这种食物，我就会联想到冬天、温暖的炕、一家人欢乐地躺在一起的场景、香香甜甜的味道……

你们家的"亲子小时光"是什么内容呢？快和孩子一起讨论，享受和孩子在一起的美好时刻吧！